놓쳐버리는 기회가 더 많다는 게 나쁘지만은 않다.

—마틴 빌

"아이디어는 많고 인생은 짧다."

바쁘면

이 책도 읽지 마세요

창의적인 사람을 위한 시간 관리법

도날드 로스 지음 / 정세운 옮김

알맹

목차

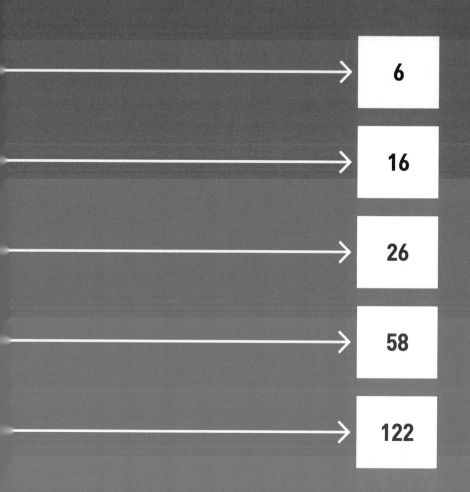

창의적인 사람들에게 시간 관리가 필요한 이유

유능한 아티스트는
아이디어에 비해
시간이 부족하다.

- 마틴 키픈버거

아이디어 개발 센터

나는 아이디어를 가지고 있느냐보다
그것을 실행할 수 있느냐가 더 중요하다고
확신한다. 아이디어는 고작 씨앗에
불과하며, 그 씨앗을 나무로 키워내는
일은 어렵고 고되기 마련이다.

—엘론 머스크

실행 시간

창의적인 사람들은 아이디어가 샘솟는다. 그 덕에 창작하는 사람이라 불린다. 우리 같은 사람들은 남들과는 다른 눈으로 세상을 바라보고, 영감을 통해 끊임없이 아이디어를 창출해낸다. 아이디어는 하루가 멀다 하고 시도 때도 없이 쏟아져 나온다! 주체할 수 없이 넘쳐나는 아이디어는 이제 골칫거리다. 아이디어를 죄다 실행하기에는 시간이 너무 부족하기 때문이다.

한꺼번에 너무 많은 아이디어를 다루다가는 결국 그 어떤 아이디어도 완성 단계로 이끌지 못하거나 형편없는 결과물을 마주할 가능성이 크다. 아이디어가 떠오르는 족족 실행에 옮기다 보면 시간이 남아나질 않기 때문이다. 그러니 시간을 현명히 활용해야 한다.

시간 관리 비법으로 이 문제를 해결할 수 있다. 창작과 시간 관리는 서로

상충하는 것처럼 보일지도 모르겠다. 그러나 예술계에서 이름을 날리는 아티스트, 디자이너는 하나같이 규칙적인 업무 패턴을 유지하며 정교히 짜인 방법론에 따라 움직인다. 시간 관리에 철저해야 창작활동을 지속할 수 있기 때문이다. 주어진 시간 동안 몇 가지 일에만 몰두하고 긴요하지 않은 일은 잠시 미루어두는 것이 그들의 비결이다. 즉, 가장 중요한 일에 온전히 몰두하는 것이다.

생산성에 현혹되지 말라

산업혁명 시기에 탄생한 생산성이라는 개념을 신봉하는 자들이 있다. 기계의 경우에는 오래 가동할수록 생산성이 높아진다. 가동 속도와 성능, 효율을 높일수록 생산성이 기하급수적으로 치솟기 때문이다.

　생산성을 찬양하는 이들은 인간을 기계 취급해서, 인간도 오랜 시간 일할수록 생산성이 높아진다고 착각한다. 그러나 인간은 기계가 아니다. 인간이 지속해서 생산적일 수는 없는 법이다. 기계는 전원만 올려놓으면 계속 돌아갈지 몰라도 인간은 다르다. 게다가 하루 8시간 근무는 알고 보면 효율과는 거리가 먼 것이다. 근무 시간이 길다고 해서 일의 능률이 높은 것은 아니다.

이 점을 충분히 이해한 기업 스타트업 버퍼Start-up Buffer는 근무시간을 기준으로 생산성을 평가하지 않는다. 대신, 스타트업 버퍼는 임직원에게 확실한 업무 목표와 명확한 책임 범위를 준다. 이 방침을 도입하고 나니 값비싼 관리 시스템을 사용할 필요가 없어졌다. '일하는 방식은 자율에 맡기겠습니다. 어떻게든 해내면 됩니다.' 이것이 스타트업 버퍼의 신조다.

하느냐 마느냐, 그것이 문제로다

시간 관리를 한답시고 모든 과정을 세세히 계획할 필요는 없다. 더 큰 목표를 지향하자. 그 목표에 따라 '무엇을 하고 무엇을 하지 않을 것인지' 결정하자.

녹록지 않은 과정이겠으나 일단 이 책을 계속 읽어보기 바란다. 장담하건대, 곧 수월해질 것이다.

아이디어는 어디서 오는가?

아이디어의 진화

자연을 제외한 우리 주변의 모든 것은 한때 누군가의 아이디어였다. 찰스 임스와 레이 임스는 매우 독창적인 의자 디자인을 개발해냈지만, 의자라는 개념 자체는 먼 옛날 우리의 선조가 알맞은 바위를 발견하고 그 위에 걸터 앉은 게 시초다. 모든 발명품은 아이디어에서 시작된다. 대개 아이디어는 꼬리에 꼬리를 물고 조금씩 변천해 가지만 개중에는 획기적인 변화를 끌어 내는 것도 있다. 헨리 포드가 자동차 대량생산을 고안한 것이 그 좋은 예 다. 헨리 포드는 자동차 자체를 발명하지도, 생산 공정을 개발하지도 않았 다. 그러나 그 둘을 결합하겠다는 그의 아이디어는 자동차 생산 역사의 새 장을 열어주었다.

모든 것은 연결되어 있다

팀 버너스리가 월드와이드웹World Wide Web을 만들지 않았다면 구글Google 이 탄생할 수 없었을 것이다. 곧 월드와이드웹은 개인 컴퓨터를 이용해 인 터넷을 들여다보는 매개체로 자리 잡았다(인터넷은 월드와이드웹 개발 전 부터 존재했다). 인터넷의 시작은 여러 대학 간 전화망을 공유했던 것이었 으며, 전화망은 전보 장치telegraph machine에서 기인했다.

혁신은 우연의 산물이다.
그러니 앞으로 사람들이
뭘 만들어낼지는 아무도 모른다.

—팀 버너스리

아이디어는 또 다른 아이디어를 낳는다. 대개 그런 일은 예상치 못하게 벌어진다. 아이디어는 곧장 앞으로 나아가는 게 아니라, 이리저리 구불대며 들쭉날쭉 돋아나기 때문이다. 철학자 질 들뢰즈는 이를 리좀Rhizome이라 일컬었다. 리좀이란 모든 방향으로 뻗어 나가며 성장하는 뿌리를 뜻한다. 리좀은 인간의 함축적 언어와 아이디어가 얼마나 변화무쌍한지를 상징적으로 보여준다. 즉, 우리 눈앞에 수많은 갈림길이 놓여 있다는 뜻이다. 그 많은 길 중 자신에게 가장 필요한 방향을 골라내야 한다. 이때 옳은 결정을 내렸는지는 먼 훗날 뒤돌아볼 때야 알 수 있다.

그러므로 창의적인 사람들의 시간 관리법은 시간표나 계획표와는 거리가 멀다. 이 시간 관리법은 어느 길을 택할지 결정을 내리도록 이끌어주는 도구다. 아직 정확한 목표조차 세우지 못했더라도 효과를 볼 수 있다. 간단히 말하자면, 이는 내게 가장 적합한 길이 무엇인지 판가름하기 위한 간단한 테스트라 할 수 있겠다. 도대체 감이 안 온다고? 걱정하지 마시라. 곧 낱낱이 밝혀내 드릴 테니.

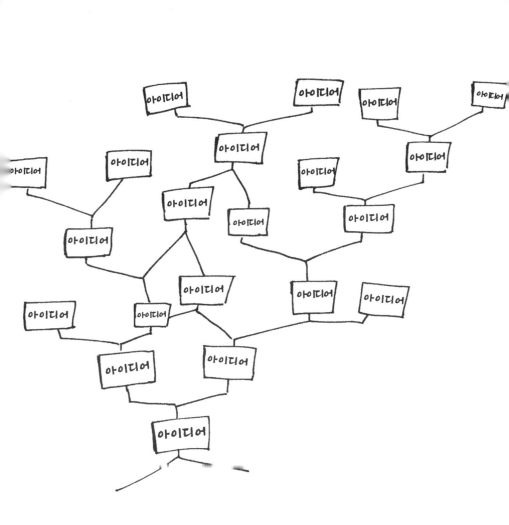

To Do 리스트(할 일 목록)

To Do 리스트의 역사 엿보기

물물교환이 쓸모없어지자(모두에게 염소가 필요하던 시대가 막을 내렸으니) 사람들은 동전을 사용하기 시작했다. 하지만 이내 동전이 가득 담긴 항아리를 들고 다니는 것도 버거워졌다. 그 덕에 최초의 리스트인 장부가 탄생했고, 그로써 더는 세월아 네월아 동전을 헤아리거나 동전 단지를 운반하느라 애쓸 필요가 없게 되었다. 누구에게 얼마를 빌려주었는지 기억하기도 수월해졌다. 따지고 보면 글자가 발명될 수 있었던 것도 장부 덕분이다.

리스트는 문명의 기원이다. 문화사 어디를 들여다보든 리스트와 마주하게 된다.

―움베르토 에코

아이디어를 정리하라

아이디어는 꼬리에 꼬리를 물고 끊임없이 떠오르는 법이다. 그런데 우리는 그 모든 아이디어를 머릿속에 담아둔 채로 이리저리 싸돌아다니는 경우가 많다. 즉, 지칠 줄 모르는 모기떼처럼 머릿속을 끊임없이 울려대는 아이디어에 끊임없이 시달린다는 뜻이다. 이처럼 머릿속을 누비는 아이디어들은 뇌 용량을 잔뜩 잡아먹고, 그중에서도 우리 뇌의 의식을 담당하는 영역을 점령해버린다. 이 부위는 정보를 처리할 뿐 아니라, 활동에 집중하기 위해 꼭 필요한 작업메모리working memory 기능을 수행한다. 뇌에는 무의식이라는 영역도 있다. 무의식은 매우 방대하므로 당장은 필요치 않다고 판명된 온갖 아이디어와 정보를 보관하기 안성맞춤이다. 컴퓨터의 하드디스크와 비슷하다. 무의식에 아이디어를 저장하면 의식을 괴롭히는 '끈질긴 모기떼'를 손쉽게 쫓아버릴 수 있다.

무의식에 정보를 저장하는 방법이 궁금하다고? 적어두면 된다. 아이디어나 해야 할 일의 목록을 만들어 적어두자. 그러면 그 문제는 잠시 잊어버려도 좋다. 의식을 어지럽히던 '왱왱대는 모기떼'를 병 속에 가둔 셈이니까. 이로써 의식의 영역은 다시금 집중력을 발휘하기 시작한다. 신앙심 깊은 독자를 위해 한마디 덧붙이자면, 심지어 하나님도 세상을 창조할 때 일곱 가지 To Do 리스트를 따랐다.

못다 한 일

물론 To Do 리스트에도 결함은 있다. 끝도 없이 써 내려갈 수 있다는 점이다. To Do 리스트는 원하는 만큼 길게 늘일 수 있으며, 바로 그것이 가장 큰 위험 요소다. 리스트가 너무나 길면 결국엔 그 어떤 항목의 일도 처리를 못 한다. 어떤 항목에도 완료 표기는 못 하고 새로운 항목만 계속 늘어난다. 또, 그러다 보면 To Do 리스트를 관리하느라 볼일을 못 보는 사태로 치닫게 된다.

그렇게 To Do 리스트는 실망 리스트로 전락하고 만다. 이를 자이가르닉 효과Zeigarnik effect라 부른다. 러시아의 심리학자 블루마 자이가르닉(1900년~1988년)은 '한번 시작한 일은 끝장을 보아야 직성이 풀리는 것이 인간의 본성인 듯하다. 우리는 끝마치지 못한 일을 마주할 때 인지 부조화를 경험한다.'고 설명했다. 우리 인간은 임무를 완수하는 그 순간까지 불만족스러운 기분을 떨쳐버리지 못한다. 그러니 임무가 더욱 오래 걸리는 듯 느껴지는 데다, 자꾸만 일이 밀리는 듯한 불안감에 사로잡히는 것이다.

이런 부작용을 피하는 방법이 궁금한가? To Do 리스트를 사용하지 않으면 그만이다.

To Don't
리스트
방법론

To Don't 리스트(하지 않을 일 목록)

어느 심리학자가 국방부에 불려가 장교들에게 시간과 자원 관리법을 강의하게 되었다. 그는 강의를 시작하자마자, 지금껏 어떤 식으로 시간과 자원을 관리해왔는지 25자 내로 서술하라고 했다.

다들 어쩔 줄 몰라 하는 가운데, 여성 장교 단 한 명만이 결과물을 제출했다. 승진을 거듭하여 고위직에 오른 것은 물론이고 이라크전에도 참전했던 장교였다. 그녀가 전한 비법은 이랬다. "우선 저는 가장 중요한 일 리스트를 작성해요. 첫째, 둘째, 셋째, 번호를 매기며 쭉 적어나가는 거예요. 그런 다음 맨 위로부터 3가지 항목을 남겨두고 모두 지워버리죠."

비결은 To Do 리스트를 To Don't 리스트로 갈아탄 것이었다. 그녀는 To Do 리스트의 모든 항목을 To Don't 리스트로 옮긴 후, 그중 단 3개만 To Do로 선별해 실천에 옮겼다. 그 이외의 항목에는 전혀 손대지 않았기에 선택한 3가지에 충실히 몰두할 시간을 벌 수 있었다.

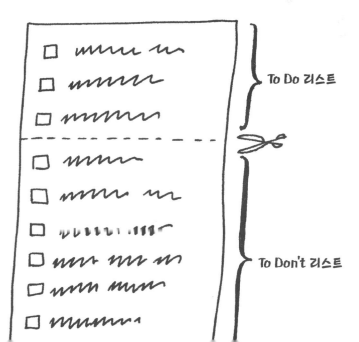

To Don't 리스트는 모든 것을 실천하기란 불가능하다는 사실에서 출발한다. 실은 그렇게 전부 다 해낼 필요도 없다. 바쁜 사람은 곧 성공한 사람이라 생각하는 이들이 많다. 물론 '성공'이란 목표에 도달하고자 한다면 할 수 있는 것은 모두 해봐야 할 것이다. 하지만 한꺼번에 여러 일을 벌이면 정작 끝을 보는 일은 몇 없기 마련이다. 게다가 겨우 해낸 것조차 엉성하기 일쑤다.

그러니 정말 자신 있는 몇 가지만 추려내고 나머지는 포기하는 게 낫다. 죄다 멋진 아이디어라 해도 어쩔 수 없다. 그로써 우리 뇌에서 끝없이 샘솟던 '못다 한 일'에 대한 충동이 그치면 마침내 평화를 얻을 수 있으니. 불만족에 시달릴 일도 더는 없다.

시간 vs. 아이디어

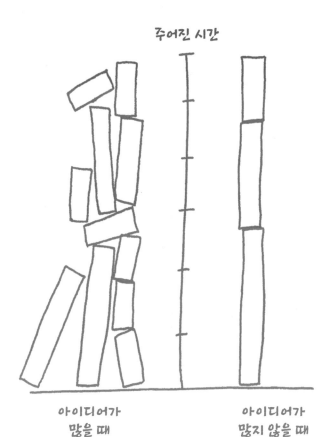

주어진 시간

아이디어가
많을 때

아이디어가
많지 않을 때

To Don't 리스트 방법론 활용

세분된 리스트

To Do 리스트란 정확히 무엇을 의미할까? To Do 리스트는 목표 과제라는 큰 프로젝트의 일부에 불과하다. 가족, 친척, 친구, 취미, 일, 연구, 휴가까지, 무엇이든 프로젝트 주제로 삼을 수 있다(하지만 창의성을 필요로 하는 업무에 종사하는 사람에게 취미, 일, 사생활을 분리하기란 사실상 불가능하다). 이어 각 To Do 리스트는 또다시 잘게 나뉘기 마련이고, 그렇게 끊임없이 가지를 치며 뻗어 나가 결국 거대한 나무처럼 자라난다.

업무를 세분하기는 비교적 쉽다. 그러나 세분화를 거치면 수많은 프로젝트가 탄생하고, 그 결과 해야 할 업무도 늘어난다는 게 문제다. 결국 그 많은 업무가 죄다 To Do 리스트의 항목인 셈이다. 이것들을 모두 마쳐야 궁극적인 프로젝트가 완성되기에, 전부 해내지 못한다면 프로젝트는 미완으로 남는다.

To Don't 리스트 작성법

To Do 리스트 항목이 많을수록 할 일도 많아지며, 이어 그 리스트에 임무 완수 표식을 남길 확률도 줄어든다. 따라서 To Do 리스트의 항목 수를 최대한 줄여야 한다.

프로젝트 완성에 꼭 필요한 항목을 가려내자. 위로부터 3가지 항목을 제외하고 모두 To Don't 리스트로 옮겨라. 어차피 지금 당장 실천할 수 없는 항목들이니 계속 마음에 담아둘 이유도 없다.

한발 더 나아가 To Do 리스트를 통째로 To Don't 리스트로 바꾸어도 좋다. To Do 항목 전체를 포기한다는 뜻이다. 동시에 해당 To Do 리스트를 발생시킨 요인(업무 등)을 삶에서 제거해버릴 수도 있겠다. 아쉬울지 모르나, 그로써 해야 할 일에 집중할 시간을 확보할 수 있다.

To Do 나무

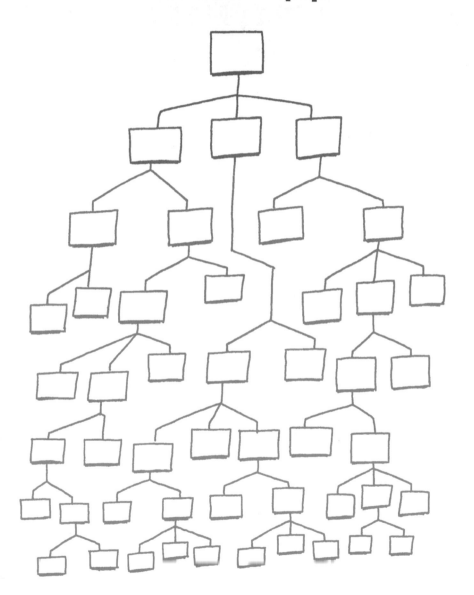

To Do 나무
가지치기

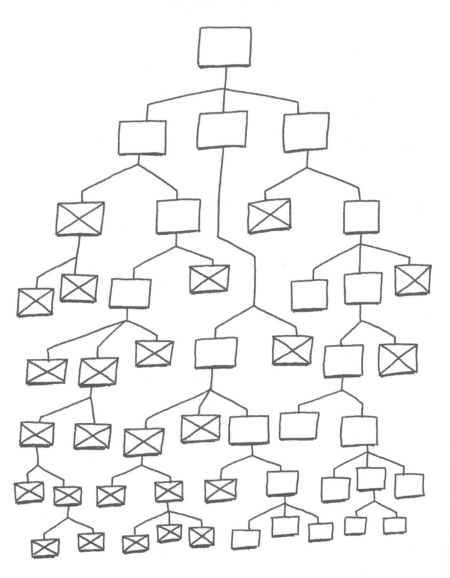

가지치기를 마친
To Do 나무

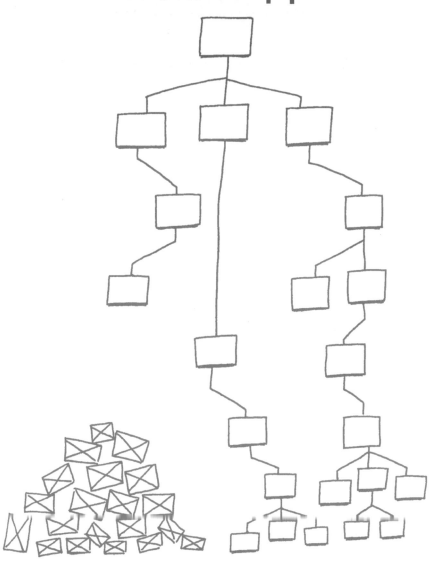

좀 더 광범위한 가지치기에 돌입하면 삶에 큰 변화를 가져다주는 결정에 마주하게 된다. '그 분야를 공부하는 것이 맞는 걸까?' 혹은 '회사에 계속 머무르는 게 나을까, 프리랜서로 전향하는 게 좋을까?', '그렇게 되면 밴드 활동을 할 시간이 부족하지 않을까?' 따위의 고민에 답을 내리게 될 것이다. 밴드를 그만두면 리허설을 하거나 곡을 쓰는 일도 없을 것이다. 안타깝지만 어쩌겠는가. 그래도 그 덕분에 다른 일을 할 시간을 벌 수 있다.

이것저것 결정하다 보면 자신을 더 깊이 이해하는 순간이 온다. 할 일을 딱 3가지로 제한하면 내가 무엇을 중요치 않게 생각하는지 절로 깨닫게 된다. 인생을 뒤바꿀 결단을 내릴 때도, 프로젝트와 같은 작은 결정에 임해야할 때도 마찬가지다.

선택이란 참으로 어려운 일이며, 재능이 많은 사람일수록 더 어려워하는 법이다. 그러니 다음 장부터는 To Don't 리스트 방법론을 더 자세히 들여다보겠다. '삶'이라는 추상적인 개념에서 출발해 좀 더 손에 잡히는 '일'을 매개로 '프로젝트' 수행이라는 현실적인 목표를 향해 나아가도록 하자.

**명석함은 재능이며
친절은 선택이다.
거저 얻은 재능을 발휘하는 것은
어려울 게 없다. 하지만 선택은
때론 힘든 법이다.**

—제프 베조스

To Don't 리스트는 단지 관념적인 방법론이 아니다. 실제로 우리의 선택을 도와줄 To Don't 리스트 스마트폰 앱을 만들어 앱스토어에 ToDon'tList라는 이름으로 올려놓았다. 이는 내가 프로그래머 친구와 함께 To Don't 리스트 방법론에 따라 개발한 앱이다. 또한 ToDon'tList 앱은 내가 이 책을 쓰게 된 동기이기도 하다.

앱의 원리는 이렇다. 앱에는 3가지 리스트가 존재한다. Do 리스트(할 일 목록), Done 리스트(끝마친 일 목록), ToDon't 리스트(하지 않을 일 목록)로, Do 리스트에는 딱 3개 항목만 담을 수 있다. 나머지 항목은 자동으로 ToDon't 리스트에 오른다. Do 리스트 중 목표 달성에 성공한 항목은 Done 리스트로 옮기면 된다(성취감을 맛보는 순간이다). 그렇게 Do 리스트에 빈자리가 생기면 ToDon't 리스트의 항목이 Do 리스트로 이동한다.

ToDon't 리스트에 실린 항목은 3개월이 지나면 공지 없이 자동으로 폐기된다. 정말 중요히 여기는 일이라면 진작 해냈을 터다.

삶 :
계획을 세워라

올바르게 생각하는 법을
터득하기 위해서는
우선 무엇을 어떻게 생각할지를
분별하는 방법부터 깨우쳐야 한다.
즉, 무엇에 관심을 기울여야 할지,
그리고 지난 경험으로부터
어떤 의미를 구성해내야 할지
알아야 한다. 성인이 되어서도
이런 식의 의사 결정을 하지 못한다면
모든 게 뒤죽박죽이 되고 말 것이다.

—데이비드 포스터 월리스

방향을 정하고 목표를 설정하라

택시 실험

지금부터 가상의 실험을 시작하겠다. 택시에 탑승했다고 가정해보자.

→ 택시 실험 1

택시를 잡아타 놓고 기사에게 목적지를 말하지 않는다면 무슨 일이 벌어질까?

예상되는 시나리오는 두 가지다. 아무 데도 갈 수 없거나 밤새 택시 기사가 이끄는 대로 온 도시를 배회할 것이다. 기사는 거듭 차를 세우고는 '여기쯤이면 될까요?'라고 물어올 테지만, 답할 수 있을 리 만무하다. 대체 어떤 기준으로 도착지를 결정해야 할지 자신조차 모르기 때문이다.

→ 택시 실험 2

또다시 택시를 탄다. 기사에게 정확한 주소는 물론이고 어느 경로를 택해야 하는지도 일러둔다. 결과는 어떨까?

택시는 정해진 경로를 따라 정확히 그 주소에 도착할 것이다. 그러나 또다른 의문이 생길 터다. '대체 이 여정에서 무엇을 얻었단 말인가?'라 묻게 되는 것이다. 사전에 모든 걸 확정해버리면 우연히 얻을지 모를 새로운 시야나 경험을 위한 여지가 없기 때문이다.

→ 택시 실험 3
이번에는 택시에 올라 기사에게 약간의 가이드라인만 제공한다. 예를 들어, '시내에 있는 바에 가려는데요, 음식도 괜찮고 춤출 공간도 있는 곳이면 좋겠군요.'라는 식이다. 과연 어떻게 될까?
마음에 꼭 들지만 전혀 예상치 못했던 곳에 당도하게 될 것이다.

결론 : 목표에 대한 전체적인 윤곽을 그리는 것은 바람직하다. 윤곽조차 없다면 그 어디에도 도달하지 못하기 마련이다. 그렇다고 목표를 너무 구체적으로 그려놓아선 안 된다. 새로운 경험과 마주할 여지를 남겨놓기 위해서다. 즉, 목적지를 명확히 정한 후 열린 마음으로 그 여정에 임해야 한다.

**무엇을 할지 아이디어를 떠올리는 것은
꼭 필요한 과정이다.
단, 너무 구체적이지 않은
어렴풋한 아이디어여야 한다.**

– 파블로 피카소

목표 설정

지나치게 광범위한 목표 범위
집중 불가

지나치게 제한된 목표 범위
지나친 집중

새로운 기회를 허용하는 목표 범위
적절한 집중

가슴이 시키는 일을 하라

재미있는 일만 골라서 하는 자는
적어도 한 사람은 행복하게 만들 수 있다.
―캐서린 헵번

하지 않은 일을 후회하라

인간이 생의 끝에 이르러 무엇을 후회하는지에 관한 다수의 연구 결과가
있다. 사람들은 대개 해보지 못한 일에 대해 가장 후회하는 경향을 보였다
고 한다. 어느 여론조사에 따르면, 미국 내 노동인구 중 70%가(약 1억 8백
만 명에 달한다) 매일 아침 아무런 열정도 느끼지 못한 채 일터로 향한다.
그런 삶을 원하는 사람이 어디 있겠는가?

　To Don't 리스트 방법론은 우리를 올바른 선택으로 이끌어주기 위해 존
재한다. 진정 마음 깊이 원하는 바를 선택하게 해주는 도구인 것이다. 그래
야 하지 않은 일 때문에 후회하지 않을 테니까. 자신이 무엇을 원하는지 깨
닫는 것은 그 무엇보다도 어려운 일이다. 동시에 우리 생에 가장 중요한 문
제이기도 하다.

어쩌면 될 수 있었을 그 존재로 거듭나기에 너무 늦은 때란 없다.
―조지 엘리엇

바바라 베스킨드의 아름다운 일화

바바라 베스킨드는 아주 어렸을 적부터 발명가를 꿈꿨다. 그리고 91세에
이르러 그 꿈은 현실이 되었다. 이제 그녀는 샌프란시스코에 자리한 아이
데오IDEO에서 꿈꾸던 일에 종사하고 있다. 아이데오는 최초로 애플Apple사
의 마우스를 개발한 기업이다.

바바라는 대공황 시절에 성장기를 보냈다. 바바라의 첫 디자인 작품은 흔들목마였다. 그녀는 당시를 회상했다. '대공황 때는 다들 그랬죠. 장난감 살 형편이 안 되니 직접 만들 수밖에요. 난 흔들목마를 꼭 갖고야 말겠다고 다짐했어요. 결국 낡은 타이어로 만들었고요. 그 흔들목마를 타며 중력이 무엇인지 몸소 깨우칠 수 있었죠. 수없이 굴러떨어졌거든요.' 훗날 바바라는 공과 대학에 진학하려 했으나 여자라는 이유로 지원 자격을 박탈당했다. 그리하여 가정학과에 입학한 후에는 군에 입대하여 44년간 군 작업치료사로 근무했다.

그러다 2013년 〈60분〉이라는 TV 쇼를 시청하며 그녀의 인생이 변했다. 아이데오의 설립자 데이비드 켈리가 출연한 회였다. 데이비드 켈리는 인터뷰 중, 직원들이 서로를 통해 배워나가기를 바란다며 언제나 다종다양한 인재를 환영한다고 밝혔다. 바바라는 용기를 얻었고 아이데오에 이력서를 제출하겠다고 다짐했다. 자기소개서를 작성하는 데에만 두 달이 걸렸다. 그러다 보니 9장이나 쓰는 바람에 1장으로 요약해야 했다고 한다. 그렇게 바바라는 노년기에 다다라 꿈을 이룰 수 있었다.

멈추지만 않는다면 걸음이 느리다고 걱정할 필요 없다.
—공자

나이는 숫자에 불과하다

바바라의 사연은 진정 원하는 것에 도전하는 데 있어 너무 늦은 시기란 없다는 것을 깨닫게 해준다. 발명가가 되지 못했다며 한탄하는 대신 그녀는 끝까지 도전해 결국 그 꿈을 이루었다. 바바라는 한시도 꿈을 놓지 않았다. 이처럼 나이가 꽤 들어서야 목표를 달성한 사례는 수도 없이 많다. 배우 해리슨 포드는 30세까지도 목수였다. 영화감독 이안은 31세에 실직 상태였으며, 해리포터를 쓴 J. K. 롤링도 31세에는 정부에서 생활보조금을 받던

싱글맘이었다. 그러니 지금 나이가 몇이든 상관없다. 목표를 정했다면 포기하지 말자.

> **나는 주어진 환경의 산물이 아니다.**
> **지금껏 내린 모든 결정이 지금의 나를 만들었다.**
> —스티븐 코비

> **오로지 돈만 벌어들이는**
> **비즈니스는 형편없는**
> **비즈니스다.**
> —헨리 포드

돈을 좇지 말라

사람들은 많은 순간 돈을 따라 움직이곤 한다. 돈 때문에 꿈을 포기한다며 구차한 변명을 늘어놓는 이들도 많다. 하지만 돈은 수단일 뿐, 돈 자체에는 아무 의미가 없다. 정말 무언가 간절히 원한다면 돈 때문에 못 한다는 것은 핑계에 불과하다. 돈 때문에 무언가를 하는 것도 옳지 못하다. 나 또한 '이거면 돈 좀 벌 수 있겠는걸!'이라며 흑심을 품고 프로젝트를 맡아본 적이 꽤 있다. 하지만 그럴 때마다 번번이 실패하곤 했다. 돈을 버는 것 자체가 주된 목적이었을 뿐 열정을 전혀 느끼지 못한 탓이다. 그러니 돈을 좇을 게 아니라 마음이 가는 일을 하자.

하고 싶은 일을 찾는 방법
(정말 가슴 깊이 원하는 일)

택시 실험을 통해 살펴보았듯, 목적지를 정해두지 않으면 어딘가 도착하더라도 그곳이 가고 싶었던 장소가 맞는지조차 알 수 없다. 사실, 진정 가고 싶은 곳이 어딘지를 어렴풋이라도 깨닫기는 쉽지가 않다. 정말 원하는 일을 찾고자 한다면 자기 자신에게 솔직해져야 한다.

> 자신을 일정한 틀에 가두지 말라. 대개 자신의 능력을 제한하곤 하지만, 실은 누구나 생각이 이끄는 만큼 멀리 다다를 수 있다. 기억하라. 믿는 만큼 이룰 수 있다는 걸.
> —메리 케이 애시

'언젠가 꼭 해보고 싶은 것은 무엇인가?'라고 자문해보라. 이 질문을 마음 깊이 품은 채 실천해보라.

→ 정말 하고 싶은 일 리스트를 작성한다.
→ 완성된 리스트를 살피며 가슴에 손을 얹고 답해본다. '이거면 돈 좀 벌지 않을까?'라는 흑심에서 비롯된 항목이 있는가? 그런 것이 있다면 지워버리고, '나 따위가 할 수 있을 리 없어'라며 작아진 탓에 차마 적지 못한 꿈으로 그 빈자리를 채우자. 자조 섞인 마음의 소리를 무시하고 그냥 써버리는 것이다. 업무와는 거리가 먼 것이라도 상관없으니, 정말 재미있을 듯한 일이라면 마음껏 적어도 좋다.
→ 리스트의 여러 항목 중에서도 가장 해보고 싶은 일을 3가지만 추려낸다.

아마 깜짝 놀랄 만한 결과를 마주했으리라. 그중에는 목표가 무엇이냐는 질문을 받았을 때는 생각조차 못 했던 일도 섞여 있을지 모르겠다. 아무래도 좋으니 그저 마음을 열고 받아들이도록 하자.

꼭 해보고 싶은 일 리스트

그중에서도 가장 해보고 싶은 3가지

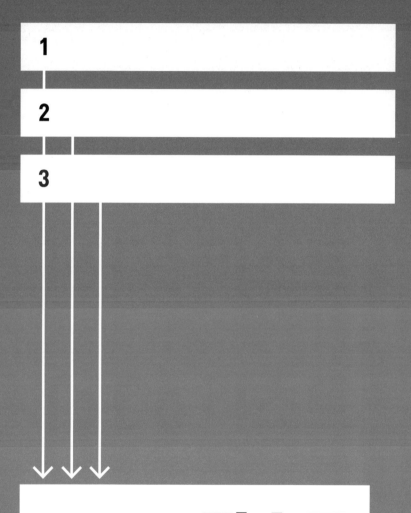

1

2

3

To Do 리스트

가장 잘하는 것, 가장 못하는 것은 무엇인가?

창의적인 사람들은 대개 한꺼번에 여러 가지 일을 벌이길 좋아한다. 하는 것마다 꽤 솜씨를 발휘하는 경우도 많다. 하지만 지속해서 여러 가지에 매달리다 보면 두루두루 괜찮은 성과를 낼 수 있을지 몰라도, 그중 어느 분야에서도 뛰어난 업적을 세울 수는 없다.

능력 범위를 파악하고 있는가?

내가 잘하는 일, 못하는 일을 정확히 인지해야 한다. 워런 버핏은 이를 능력 범위라 칭했다. 이 범위에 속하는 것은 모두 잘하는 일이다. 자신 있는 일을 좋아하기까지 한다면 큰 성과를 거둘 수 있다.

내 능력 범위를 그려보자.

→ 원을 그린 후, 원 안에 내가 잘하는 일을 모두 적는다(기술, 성격적 장점, 취미 등). 원 바깥쪽에는 못하는 일을 모두 적는다.

→ 이제 그럭저럭 잘하는 일과 딱히 못한다고는 할 수 없는 일을 모두 지워버리자. 즉, 잘한다고도, 못한다고도 하기 어려운 애매한 항목을 골라내라는 것이다. 원 안에 최대 3가지 항목만 남을 때까지 계속 추려내라. 이 3가지가 정말 뛰어나게 잘하는 일이다. 마찬가지로 원 밖에도 3가지만 남겨두자. 이것들은 정말이지 끔찍하게도 못하는 일이다.

→ 능력 범위가 완성되었다.

못하는 일 &
그다지 잘하지 않는 일
범위

잘하는 일 &
뛰어나게 잘하는 일
범위

당신의 능력 범위

잘하는 일에 집중하라

위의 활동에 진중히 임했다면 자신의 강점을 확실히 파악했을 터다. 그 강점에 집중하자. 잘하지 못하는 일을 잘해보려 애쓰기보다는 이미 잘하는 분야에 매진하는 편이 더 쉽다.

> 써먹은 적도 없는 재능으로 명성을 얻을 수는 없다.
> ―데시데리위스 에라스뮈스

약점의 진가를 깨우쳐라

그렇다고 못하는 일 리스트가 중요치 않다는 뜻은 아니다. 물론 자랑스레 떠벌리고 다닐 만한 것은 아니지만, 이 또한 알고 보면 유용한 자산이다. 못하는 일들을 약점이 아닌 강점이라 여겨보면 어떨까? 남에게 보이고 싶지 않은 부분인 것은 사실이나, 달리 보면 이 또한 능력이기 때문이다. 긍정적인 시선으로 바라본다면 어려울 것 없다.

예를 들어, 나는 참을성이 부족한 편이다. 하지만 굳이 참을성을 기르려 노력하는 대신(그럴 필요가 없으니까), 이 특성을 유용하게 활용하곤 한다. 나는 참을성이 부족한 덕에 관료주의에 찌든 콜센터에 문의할 때 수월히 목적을 달성할 수 있다. 당장 내 요구를 들어 달라 요구하며 전화기를 내려놓지 않기 때문이다. 이처럼 약점을 잘 활용해 만족스러운 결과를 얻을 수 있다. 그렇다고 못되게 굴어도 좋다는 건 아니니 오해하지 마시라.

못함 > 보통 > 잘함 > 뛰어남

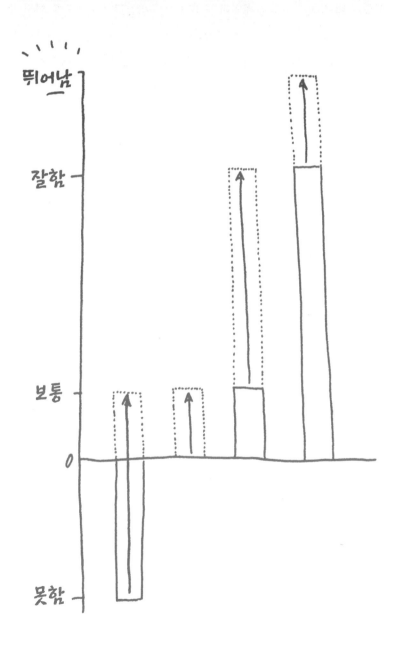

잠재력을 파헤쳐라

이렇게 내 강점과 약점을 확연히 드러내 주는 리스트가 탄생했다. 가장 좋아하는 일이 적힌 리스트도 완성되었다. 훌륭하다. 그렇다면 지금부터 두 리스트의 공통점에 주목해보자. 이번에는 교집합 방법을 이용해보자.

→ 서로 겹쳐지는 원을 3개 그린다.

→ 각 원 안에 가장 해보고 싶은 일을 하나씩 적어본다.

→ 이제부터 재미있어진다. 두 원이 겹쳐지는 부분에 주목하자. 두 원에 적힌 일의 공통점은 무엇인가?

→ 이제 모든 원이 겹쳐지는 부분을 주목해보자. 이 지점이 나타내는 공통점은 무엇이겠는가? 그건 바로 나 자신이다! 그러니 맨 가운데에 자기 이름을 적자.

이 원들은 내가 가장 좋아하는 일을 하며 지낸다면 어떤 사람으로 거듭날 수 있는지 한눈에 보여준다! 특히, 원의 공통분모를 분석해보는 부분이 매우 흥미진진하다. 나만의 독특한 조합에서 비롯된 공통분모들을 살피면 내 특성을 파악할 수 있다!

→ 이번에는 각 원에 나의 3가지 강점을 적어 공통점을 찾아본다.

→ 좋아하는 일이 적힌 원들과 비교한다. 이러한 강점과 특성을 발휘해 진정 원하는 목표를 달성하려면 어떻게 해야 할지 궁리해보자.

원 안에 약점을 적어보아도 좋다. 역시 흥미로운 결과와 마주하게 될 것이다.

공통분모

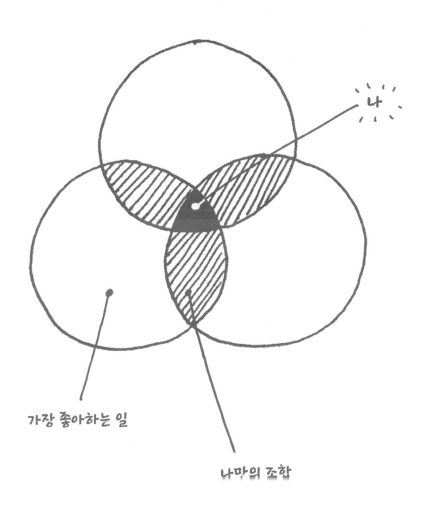

나

가장 좋아하는 일

나만의 조합

인생 목표 수립 3단계

이제 목표를 손에 넣기 위한 계획을 세워보자. 복잡할 것 없다. 어떤 과정을 통해 목적지에 도달하면 좋을지 정하면 그뿐이다!

> 디자인이란 특정 목적을 달성하기 위해 각 요소를
> 적재적소에 배치하고 짜 맞추는 작업이다.
> —찰스 임스

1단계. 결말부터 시작하라

이미 결말은 정해져 있다. 무엇을 할지, 어떤 모습으로 거듭나고 싶은지 확실히 정했을 테니, 바로 그것을 자신의 목표이자 목적지로 삼으면 된다. 구체적이지 않아도 좋다. 택시 실험의 교훈을 잊지 말자. 다만 어디서 좌회전을 해야 할지, 어느 구간에서 직진해야 하는지 정도는 알아두도록 하자.

> 어느 항구로 향하는지 모르는 이에게는
> 어느 바람도 순풍이 되어줄 수 없다.
> —세네카

2단계. 현 위치는 어디인가?

어느 날 태권도 수업을 받고 있는데 강사가 이렇게 물어왔다. "여러분, 대련의 목적은 분명합니다. 승리입니다. 마주 본 상대를 꺾으면 되는 겁니다. 그런데 그 목적을 달성하려면 전략이 필요합니다. 전략을 세우려면 무엇부터 해야 하겠습니까?"

검은 띠를 두른 학생들이 곧바로 답했다. "상대를 면밀히 관찰해야 합니다." 물론이다. 그러나 그 전에 해야 할 일이 하나 더 있다. 정답을 맞힌 것은 흰 띠를 두른 여성이었다. "자신을 면밀히 관찰해야죠." 바로 이것이 핵심이다. 내 현 위치를 파악하지 못한다면 전략을 세울 수도 없다.

→ 종이를 준비한다. 가로로 놓고 종이가 3등분 되도록 선을 긋는다.

→ 맨 오른쪽 칸 상단에 '목표'라 적고, 맨 왼쪽 칸 상단에 '현 위치'라 적어 넣는다. 가운데 칸은 잠시 비워둔다.

→ 맨 오른쪽 칸에 앞서 밝혀낸 가장 해보고 싶은 일 세 가지를 적는다.

→ 맨 왼쪽 칸에 현 상태를 서술한다. 현재 하는 일을 적으면 된다.

→ 맨 왼쪽 칸과 맨 오른쪽 칸을 연결하려면 무엇이 필요할까? 그렇다. 가운데 칸이 필요하다. 가운데 칸 상단에 '전략'이라 적는다.

→ 이제 맨 왼쪽 칸('현 위치')으로부터 ('목표')까지 도달하는 데에 필요한 사항을 가운데 칸에 적어 넣는다. 목표를 달성하려면 어떤 변화가 필요한가? 자신의 특성 중 이 목표를 달성하는 데에 도움이 될(혹은 방해가 될) 만한 것이 있는가? 무엇을 해야 하고, 무엇은 하면 안 되겠는가? 어떤 부분에 집중해야 하는가?

어려울 게 전혀 없다. 목적지와 현 위치를 파악한 후에는 그 둘 사이를 채워 넣으면 그만이다. 가운데 칸에 쓴 사항이 곧 계획이다. 단, 계획에도 여지를 남겨두어야 한다는 점을 잊지 말자. 인간이란 너무나 변덕스러운 존재인 탓이다. 그러니 언제든 방향을 틀 수 있도록 품을 넉넉히 잡아두도록 하자.

이럴 때 중간 목표를 설정하면 큰 도움이 된다. 지금으로부터 1년 후에는 어떤 모습으로 거듭나길 원하는가? 연별 목표를 적은 리스트를 마련해도 좋다. 또, 내년까지 이루고 싶은 목표를 한 문장으로 요약한 표어를 만들면 그 표어를 좇아 행동하게 될 것이다. 연말이 오면 그 목표에 얼마만큼 다가섰는지 평가해보자. 이때 계획에 없던 성과를 발견하는 경우도 있다. 이 뜻밖의 수확 또한 궁극적인 목표를 달성하기 위한 발판이 되어줄지 모른다.

인생 목표 수립 3단계

2 단계.
현 위치

3 단계.
전략

시작

1 단계.

목표

자신의 소망을 깨닫는 그 순간 다양한 가능성을 향한 문이 열린다. 이는 행운도 우연도 아니다. 명확한 목적지를 설정하고 나면 수많은 가능성에 눈뜨게 된다. 그리고 그중에서도 어떤 기회를 손에 쥐어야 할지, 또 어떤 기회를 포기해야 할지 현명한 결정을 내릴 수 있다.

계획대로 된다는 건
언제나 신나는 일이지.

—존 '한니발' 스미스, 드라마 〈A 특공대〉 중

메뉴판을 보여줘라

이제 목적지를 분명히 파악했을 것이다. 매일의 일상 속에서 그 목표를 향해 조금씩 나아가려면 어떻게 해야 할까? 이 또한 어렵지 않다. 그저 보여주기만 하면 되니까. 다시금 내 얘기를 꺼내 보겠다. 전에 홍보용 홈페이지를 만들기 위해 디자이너 친구의 조언을 구한 적이 있다. 나는 친구에게 이 사이트를 통해 수입 창출을 위해 프로젝트를 수임하려는 것이며, 무엇보다도 내가 원하는 분야와 관련된 제안이 들어오길 바란다고 털어놓았다. 그러자 친구는 이렇게 답했다. "뭐 어려운 일도 아니네. 나라면 홈페이지에 다른 건 싹 빼고 내가 하고 싶은 것만 올려놓을 거야."

고객은 우리가 홈페이지에 올린 바로 그 콘텐츠가 필요해 연락해온다. 돈을 받고 업무를 수행하는 건 너무나 당연한 일이므로 광고를 뿌려댈 필요도 없다.

이는 누구에게나 마찬가지다. 창업했든 회사에 고용된 상태든, '메뉴판'에 무엇을 올려놓느냐가 남들과는 다른 나만의 개성을 설명해준다. 판매하는 품목이 적을수록 취급하는 상품의 종류가 적으므로, 상품이나 기술에 더욱 정성을 쏟을 수 있다.

#해시태그를 정해보자

해시태그는 트위터나 인스타그램, 링크드인LinkedIn에서 사용하는 주제어 기능이다. 결정을 내릴 때도 이 기능을 활용할 수 있다. 창의적인 사람으로서의 신조, 혹은 기업의 지향점을 요약한 해시태그를 마련해보자. 한두 단어, 혹은 세 단어 정도로 구성된 문구를 만드는 것이다. 이 해시태그를 활용하며 어떤 일을 시작하기 전 그것이 인생의 목표에 부합하는지 가늠해볼 수 있다. 해시태그에 어울리지 않는 일이지 프로젝트는 To Don't 리스트로 보내는 게 나을지도 모른다.

#해시태그 만들기

어떻게 해야 내가 하는 일을 한눈에 드러내 주는 해시태그를 만들 수 있을까? 나의 인생 목표, 능력 범위, 공통분모 원 활동을 통해 힌트를 얻을 수 있을 것이다. 또는 아래 실어둔 지침을 활용해도 좋다.

→ 누군가 SNS에 나의 작품을 포스팅해주겠다고 나섰다 치자. 어떤 해시태그를 붙여달라 청하겠는가?

→ 독창적이면서도 대중이 이해하기 쉬운 해시태그인가? 예를 들어, '#디자인'이라는 해시태그는 지나치게 평범해서 이미 다종다양한 업계에 종사하는 디자이너들이 사용하고 있을 게 뻔하다. 내 해시태그는 '#typeinmotion(영화속타이포그래피)'다. 나는 주로 영화 크레딧이나 인터페이스를 디자인하기 때문이다.

→ '아님' 테스트를 해보자.

자신만의 독특한 디자인 스타일을 만드세요. ⋯독창적이면서도 누구나 이해하기 쉬운 스타일이 필요해요.

—오슨 웰스

'아님' 테스트

→ 나, 혹은 회사를 소개하는 단어를 생각나는 대로 적어본다. 너무 머리 굴릴 필요
  없다. 떠오르는 대로 써 내려가면 된다.

→ 이제 모든 단어 뒤에 '아님'을 덧붙인다. 괴상한 짓 같으나 이게 바로 핵심이다.
  예를 들어, '창의적인사람'이라는 해시태그를 썼다면 '창의적인사람아님'이라
  바꾸는 것이다.

→ 생각해보라. 스스로 '저는 창의적인 사람이 아닙니다'라고 말하는 예술가나 디
  자인 업체가 얼마나 있겠는가? 거의 없을 게 분명하다. 뒤집어 말하면 '#창의적
  인사람'이 너무 흔한 해시태그라는 증거다. 창의적인 일에 종사하거나 자신 있
  는 사람이라면 누구나 한 번쯤은 이 해시태그를 써봤을 터이다. 이처럼 '아님'
  테스트를 활용하면 지나치게 평범한 해시태그를 걸러낼 수 있다.

'#글쓰는요리사'라는 해시태그는 요리와 글쓰기를 좋아하는 사람, 그중에
서도 요리책 작가를 연상시킨다. 창의적인 이들 중 '저는 글 쓰는 사람이
아닙니다', '저는 요리사가 아닙니다'라고 말할 수 있는 사람은 매우 많을
테고, '저는 요리책 작가가 아닙니다'는 말할 것도 없다. 이 해시태그가 독
창적인 동시에 이해하기 쉽다는 증거다.

공통분모를 다시 들여다보자. 맨 가운데에(지금은 자기 이름을 써놓은
곳에) 그 해시태그를 써보자. 다른 공통분모들과 조화를 이루는가? 잘 어
우러진다고? 그렇다면 잘 하고 있는 것이다! 이는 곧 해야 할 일과 하지 않
아야 할 일을 판가름할 척도가 되어줄 해시태그를 손에 넣었다는 뜻이다.

그렇다면 당신의 #해시태그

이곳에 나만의 해시태그를 적어보자.
그렇지, 두꺼운 사인펜으로 쓰는 게 좋겠다!

메뉴를 만들어라

어떤 프로젝트를 맡아서 해보고 싶은가? 남들이 내가 한 일의 어떤 요소를 기억해주길 바라는가? 항목 수가 적을수록 기억하기 쉽다.

→ 내가 가진 모든 기술과 해낼 수 있는 프로젝트를 전부 적는다.

→ 그중 해시태그와 어울리는 항목을 선별한다.

→ 골라낸 항목들만 '메뉴'에 올린다.

지금까지 어디로 향할지(목표), 그곳에 어떤 방법으로 다다를지(해시태그 활용, 메뉴 작성) 계획을 세워보았다. 이처럼 중점 과제를 정하면 시간을 크게 절약할 것이다. 더욱 효율적인 시간 관리를 위해서는 업무에 규칙성을 부여해야 한다. 이 규칙에 대해서는 다음 장에서 논하도록 하자.

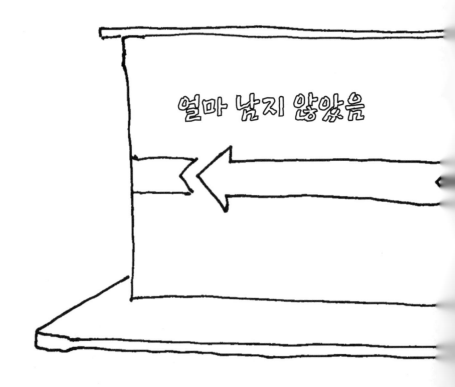

사람들이
다녀주었으면 하는
문이 있다면
문 개수를 줄여버리면 된다.

—스콧 벨스키

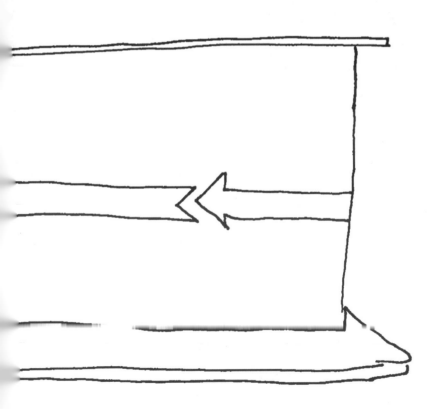

일 :
틀에 박힌
일상을
유지하라

시간은 창조의 원료다.
창조의 마법과 신화는 걷어내 버려라.
그러고 나면 노동이라는 실체가
드러날 것이다. 연구와 훈련을 통해
전문가로 거듭나기 위한 노동,
문제의 해결책을 찾아내는 노동,
그 새로운 해결책에 도사린 문제를
또다시 찾아내는 노동, 시행착오와
맞닥뜨리는 노동, 고민을 거듭하고
완벽함을 도모하는 노동이
바로 창조라는 노동이다.

—케빈 애슈턴, 《창조의 탄생》 중

주의사항 : 이 장은 프리랜서처럼 혼자 일하는 사람들에 초점을 맞추어 꾸려졌다. 그러니 자신의 상황에 맞추어 '고객'을 '상사'나 '관리직'이라 생각해도 좋다. 학생 이라면 때에 따라 '고객'을 '선생님'으로 여기고 읽어나갈 수 있겠다.

규칙적인 일상

> 일상적인 업무 패턴을 유지하라…
> 일이란 결과물이 아니라 그 과정을 일컫는다.
> —니콜레타 바우마이스터

네덜란드의 작가이자 기자인 한스 덴 하르톡 예거는 아티스트의 업무 비법에 대한 훌륭한 책을 펴냈다. 그는 네덜란드에서 활동하는 최고의 현대 미술가 14명을 인터뷰했는데, 그중에는 콩스탕, 아르만도, 마를렌 뒤마, 로버트 잰드빌렛도 있다. 다들 저마다의 방식으로 일하는 이들이지만 공통점이 하나 있었다. 매일 규칙적으로 살아가며 업무에 임한다는 것이었다.

창의적 업무에 종사하는 사람들의 머릿속은 각종 아이디어와 온갖 생각이 뒤얽혀 매우 혼란스러운 상태다. 그 혼돈을 물리치고 업무에 집중하는 유일한 방법은 규칙적인 생활 패턴을 마련하는 것뿐이다. 오바마 대통령은 파란색 혹은 회색 정장만 입고 마크 저커버그는 늘 후드티 차림이다. 두 명다 매일 수많은 선택에 부딪히는데 옷까지 고르고 싶지 않다고 했다. 즉, 사소한 문제를 다루는 시간을 아끼면 정말 신중히 결정해야 하는 사안에 집중할 시간을 벌 수 있다.

> 나는 틀에 박힌 일상을 좋아한다. 뭐든 뚝딱 해치울 수 있어서.
> —제임스 나레스

창조는 지루함에서 비롯된다(대개는 그렇다)

새로운 프로젝트를 논의하는 회의 말미에 고객이 이렇게 물어왔다. "어떤 시오크 프로젝트에 돌입하실 건가요? 소파에 누워서 아이디어를 떠올리시나요?" 나는 이렇게 답했다. "아뇨, 그냥 일을 시작하면 됩니다." 그는 내가 영감의 순간이 찾아올 때까지 소파 위에 축 늘어져 있을 줄로만 알았으리라. 조소 섞인 표정으로 술잔을 기울이며 오감을 극대화하는 모습을 상상했을지도 모르겠다. 그 기대를 저버려 미안하지만, 창작은 그런 낭만적인 히피 놀음과는 거리가 멀다.

창의적인 직업을 갖는다는 것은 실로 영광스러운 일이나, 반드시 그 대가를 치러야 한다. 훌륭한 작품은 저절로 생겨나지 않는다. 재능이 있더라도 처절한 노력 없이 좋은 결과물을 얻는 법은 없다. 매우 단순하거나 직관적이라 설명이 필요 없는 작품일지라도, 대개 작품 하나를 만들어내기 위해서는 어마어마한 시간과 노력을 투자해야 한다.

나는 매일 작업실로 향해요. 금세 작품을 만들어내는 날도 있지만, 아무것도 못 만드는 날도 있죠. 하지만 쓸모없어 보이는 날들이 쌓여야 영감이 찾아오는 그날을 맞게 되는 법이랍니다.
―베벌리 페퍼

때론 좋은 작품을 위해 많은 것을 희생해야 한다. 그러니 앞으로 To Don't 리스트의 항목이 점점 늘어날 테고, 남들처럼 사교활동을 즐기기도 어려워질 것이다. 물론 일에만 매달리는 것도 좋지 않다. 규칙적으로 휴식을 취하는 것이 현명한 처사다. 일과 중 휴식시간을 마련하는 방법도 있겠다. 생산성을 추구한답시고 수도승처럼 일할 필요는 없다. 차라리 탈선한 수도승이 되는 게 낫다. 잊지 말자. 맥주를 빚는 것도 수도승의 일과 중 하나였다.

조용한 사람들은
묵묵히 자기 일을 할 뿐이다.

―조이스 캐럴 오츠

작업실의 콘셉트를 정하라

규칙적인 업무를 위해서는 작업실부터 마련해야 한다. 무엇보다 자신의 필요를 우선 고려하라. 조용히 집중해야 한다면 혼자만의 공간이 필요할 것이고, 협업이 중요하다면 큰 빌딩에 입주하는 편이 나을 것이다.

지리적 이점을 누릴 수 있는 장소를 고르는 동시에 환경적 요소를 고려해야 한다. 프린터가 자주 필요하다고? 그런 경우 스타벅스에서 온종일 작업하려다간 끊임없이 복삿집을 오가며 시간을 다 보내고 말 것이다. 또, 고객사 근처에 자리 잡는 것도 좋다. 고객을 찾아가는 데에 드는 시간을 절약할 수 있을 뿐만 아니라, 새로운 고객을 발굴하거나 다른 인력과 소통할 기회를 얻기에도 유리하다.

> 나는 작업실이 따로 없다. 그저 누군가의 다락이나 벌판,
> 와인 창고 따위를 전전할 뿐이다. 날 받아주는 곳이라면
> 그걸로 족하다.
> ―앤드루 와이어스

이제 자야 할 시간!

밤샘 작업을 과대평가하지 말라

업무량이 너무 많다며, 혹은 밤늦게까지 일에 매달린다며 자랑 아닌 자랑을 늘어놓는 사람들이 있다. 내심 '잘잘 시간도 부족할 정도로 할 일이 산더미야. 이 몸은 그 정도로 성공했거든.'라는 뜻을 전하려는 속셈이리라. 하지만 이렇게 해석할 수도 있다. '난 시간 관리도 할 줄 모르고 잘못된 선택을 내리기 일쑤야. 그 탓에 밤을 새워 일할 수밖에 없지 뭐야.'라고. 알고 보면 후자의 경우가 대부분이다.

비결은 바로 '잠'이다!
아침에 눈을 뜨면 모두 기억이 날 것이며
무언가 깨닫기 마련이다.

—로버트 브라우닝

숙면의 힘을 잘 아는 이들도 많다는 게 참 다행이다. 잠을 깊이 자고 나면 온몸에 생기가 돌고 머리도 맑아진다. 따라서 올바른 결정을 내릴 확률이 높아진다. 아무리 마감을 앞두고 있다 해도 한참 일하다 보면 정신이 흐트러지는 한계점을 맞이하게 된다. 그런 순간에는 하는 척만 하고 있을 뿐, 사실 의미 없는 수정만 거듭하고 있는 경우가 대부분이다. 자야 할 시간이 온 것이다! 푹 자고 다음 날 평소보다 한 시간 일찍 일어나자. 잘 쉬고 나면 같은 일을 해도 더 짧은 시간 안에 끝마칠 수 있다. 게다가 결과물의 질도 훨씬 좋은 법이다.

'다시 알림' 대신 낮잠을 택하라

알람이 울렸지만 조금만 더 자고 싶어 '다시 알림' 버튼을 누를 때가 있다. '딱 10분만 더 자는 거야'라고 합리화하는 것이다. 그런 식으로 10분씩 더 자는 걸 반복하곤 한다. 그렇게 자다 깨며 30분을 허비할 바에야 애초에 알람을 30분 늦게 맞추는 편이 나을지도 모른다. 아니면 그만 자고 벌떡 일어나버리자! 둥근 해가 높이 뜨면 자리에서 일어나야 한다!

대낮에 피로가 몰려오는가? 낮잠을 자라! 10분만 눈을 붙여도 개운할 것이다. 이 점에서는 집에서 일하거나 작업실을 홀로 사용하는 사람이 유리하다. 카페나 대규모 작업실은 쪽잠을 자기 조금 힘든 장소다(그래서 우리 어머니는 회사 화장실에서 낮잠을 주무셨다고 한다).

일단 한숨 잘래.
두 숨 자도 좋고…

―곰돌이 푸

'다시 알림' 설정하기 vs.안 하기

'다시 알림' 설정할 때

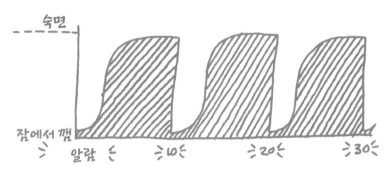

'다시 알림' 없을 때

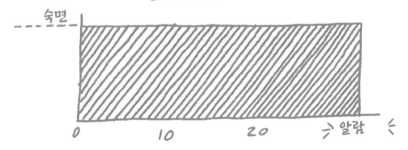

놓치는 즐거움

새로운 시대에는 언제나 새로운 문제가 따른다. 스마트폰과 소셜미디어가 부상한 이 시대의 문제는 '포모증후군FOMO—Fear Of Missing Out'다. 무언가 놓쳐 버릴까 봐 두려워한다는 뜻으로, 온종일 스마트폰을 손에서 놓지 못하거나, 2분에 한 번씩 주머니에서 꺼내어 들여다보아야 직성이 풀리는 현상을 말한다.

스마트폰이 여러 면에서 매우 유용하다는 사실은 부정할 수 없다. 그런데 스마트폰에 정신이 팔린 우리는 전처럼 주변을 둘러보지 않게 되었다. 차라리 FOMO 대신 'JOMOJoy Of Missing Out—고립의 즐거움', 즉, 놓치는 즐거움에 중독되는 편이 낫겠다.

"죄송해요, 꼭 받아야 하는 전화라…" 아니, 그런 전화는 없다

파티에 참석해 누군가와 대화를 나누는 중이라 가정해보자. 갑자기 또 다른 인물이 다가와 둘 사이를 가로막더니 그중 한 사람에게 말을 건다면 어떨까. 짜증이 치솟을 것이다! 그러면서 전화는 왜 받는단 말인가? 받을 필요 없다. 실제 얼굴을 맞대고 나누는 대화보다 훨씬 더 중요한 전화라고 생각하는가?

"이 전화는 놓치면 안 돼요." 흔히들 하는 소리다. 그러나 놓치면 안 되는 전화는 없다. 앞에 있는 사람과 이야기를 모두 마친 후 10분 뒤에 전화하더라도 세상이 무너지지 않는다. 받아야 하는 전화가 아니라 받기로 한 전화일 뿐이다. '이 전화는 꼭 받아야 해'라는 생각이 스친 순간, 이렇게 되뇌어보자. '이 전화를 받는 걸 선택하겠어.'라고. 이 한마디에 생각이 변할지도 모른다. 전화가 아니더라도 의무감을 느끼는 일이 있다면 이 방법을 적용해보기 바란다.

대화 계층론

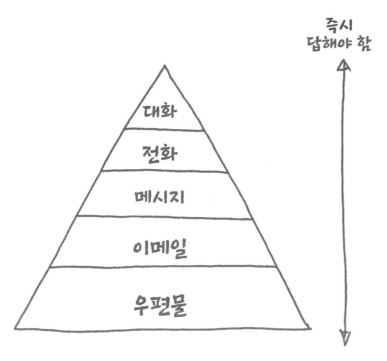

즉시
답해야 함

대화

전화

메시지

이메일

우편물

천천히
답해도 됨

와이파이가 없는 건 행운이다

여행의 장점 중 하나는 때론 인터넷을 사용할 수 없다는 것이다. 그 점을 십분 활용해 인터넷에 접속할 수 있다면 좀처럼 하지 않을 일을 해보자. 독서를 예로 들 수 있겠다. 누구도 메시지를 보내오지 않는 그 순간을 그저 가만히 즐겨보아도 좋겠다. 나는 해외에 갈 일이 생길 때 절대 로밍 데이터를 신청하지 않는다. 그러면 이메일을 확인할 수 없으니 혹시 그새 메일이 온 건 아닌지 걱정할 필요도 없다.

어딘가로 향하는 도중에도 끊임없이 와이파이를 찾아 헤매는 사람들이 많다. 한번은 비행 중이었는데 스튜어디스가 기내에 인터넷이 제공된다는 공지를 전해왔다. 그러자 다들 앞다투어 핸드폰이며 노트북을 꺼내놓는 게 아닌가. 나도 45분가량을 씨름한 끝에 로그인에 성공했으나, 정작 인터넷에 접속하고 보니 인터넷에서 뭘 하려 했던 건지 전혀 기억나지 않았다. 그 말인즉슨, 책을 읽거나 스케치를 남기고 낮잠을 자는 등, 여러 활동을 할 수 있었을 45분이란 시간을 그렇게 보내버린 것이다. 그 후로 나는 어디에 있든 절대 인터넷 이용 가능 여부를 확인하지 않기로 다짐했다.

카메라는 두고 가라

동유럽으로 여행을 떠난 때였다. 그때는 스마트폰이 개발되기 직전이었던 터라, 나는 최신형 카메라를 들고 뭐든 닥치는 대로 찍어댔다. 게다가 쓸 만한 사진을 찍어보겠다는 욕심에 셔터를 누르기까지 꽤 시간을 들여야 했다.

그러다 일정을 절반 정도 남겨놓고 카메라를 도둑맞고 말았다. 사진도 몽땅 잃어버렸다. 지나고 보니 어찌나 잘된 일이던지! 그로써 한 걸음 디딜 때마다 사진을 찍을지 말지 고민하는 대신 눈앞의 경관을 오롯이 즐길 수 있었으니까. 덕분에 남은 기간 소중한 추억을 더 많이 만들 수 있었다. 마치 휴가지에서 찍은 사진이 36개뿐이며 하루에 고작 두세 번 셔터를 눌렀던 그때 그 시절로 돌아간 기분이었다. 그때는 무척이나 선택적으로만 사

진을 찍었던 것 같다. 반면 오늘날에는 핸드폰이 사진으로 차고 넘쳐 진정 소중한 순간은 파묻히기 일쑤다.

소셜미디어 : '쓸데없는 소리!' 테스트

소셜미디어라, 참 좋은 기능인 것은 사실이다. 그러나 소셜미디어의 이야 깃거리란 대개 하찮기 마련이다. 술집에서 나누는 대화와 비슷하다. 실은 그래서 재미있는 것이기도 하다(술집이 즐거운 이유와 같다). 하지만 술집 과 마찬가지로, 소셜미디어에도 너무 자주 드나들지 않도록 주의하자.

페이스북, 인스타그램 따위를 오래 들여다보는 편이라면 하루빨리 그 중 독에서 벗어나야 한다. 지금부터는 게시글을 읽을 때마다 '쓸데없는 소리!' 테스트를 해보자.

→ 게시글을 읽고 '쓸데없는 소리!'라는 댓글이 어울리는지 판단한다.

→ 다음 게시글, 그다음 게시글에도 '쓸데없는 소리!'가 어울리는가?

→ 그 소셜미디어의 게시글 99% 이상이 '쓸데없는 소리!'인지 헤아려본다.

→ 소셜미디어에서 빠져나와 다른 일을 한다.

효율적인 업무 비법

시간 낭비에 최적화된 장소를 꼽자면 단연코 사무실을 빼놓을 수 없다. 대개 창의적인 업무에 종사하는 사람은 오랜 시간 사무실에서 일하기 마련이다. 행정 업무, 프레젠테이션, 회의까지, 이유는 다양하다. 꼭 나쁜 일만은 아니다. 동료와 대화를 나누며 영감을 얻거나 프레젠테이션을 준비하는 과정에서 즐거움을 느낄 수도 있다. 때마다 고객에게 청구서를 보내는 일도 기분 좋은 일이다. 그러나 이런 사무에 시간을 덜 쓸 수 있다면 더할 나위 없이 좋을 것이다.

효율적인 업무 비법 #1 이메일

시간 낭비의 일등 공신은 바로 이메일이다! 이메일은 정말이지 우리의 시간을 끊임없이 잡아먹는다. 매우 편리한 커뮤니케이션 수단이긴 하나 매일 같이 날아드는 이메일이 모두 인쇄되어 현관 앞으로 배달된다면 감당할 수 있겠는가?

작용과 반작용의 법칙

이메일 양을 줄이는 방법은 간단하다. 작용이 있어야 반작용이 있는 법. 공을 발로 차면 맞은편에서 다시 차주는 것과 같은 이치다. 이메일을 많이 보낼수록 받는 이메일도 늘어난다. 문제의 원인이 남들이 아니라 자신인 경우도 있다는 뜻이다. 또, 본디 남의 행동을 교정하는 것보다 자신을 바꾸는 편이 쉬운 법이다.

이메일을 보내지 않는다면 답장을 받을 일도 없다. 게다가 빨리 답신을 보내준다는 게 꼭 상대방을 위한 일만은 아니다. 어쩌면 그 이메일을 보낸 사람은 방금 To Do 리스트 항목 하나를 해치웠다는 사실에 기뻐하고 있을지 모른다. 거기다 재빨리 답을 해주어 버리면 그새 일거리를 얹어주는 것에 지나지 않는다.

이메일을 쓰는 것보단 전화가 더 빠르지 않겠는가? 이메일을 작성하는 데 평균적으로 몇 분이 소요되는지 점검해볼 필요가 있다.

!! 느낌표를 무시하라

어떤 이들은 아무런 부연 설명도 덧붙이지 않고 무작정 전달 버튼을 누른다. 무엇에 대한 것인지, 무엇을 원하는지조차 언급하지 않는 것이다. 나는 그런 이메일에 반응하지 않는다. 보낸 이가 시간을 들여 설명할 가치를 느끼지 못했나면, 이쪽에서도 무시해도 좋을 만큼 별일 아니니 생각하기 때문이다. 전화를 받지 못했을 때 상대방이 음성메시지를 남기지 않았을 때도 마찬가지다. 나는 그런 경우 군이 전화를 걸어 확인하지 않는다. 제목에 시뻘건 느낌표를 달아놓은 이메일은 또 어떤가? 정말 그 정도로 중요한 사안이라면 전화를 걸어왔을 터다. 게다가, 애초에 온종일 컴퓨터 앞에 딱 붙어 앉아 답장을 기다리는 사람은 없다.

다섯 문장짜리 이메일

아주 유명한 문장을 하나 소개하겠다(처칠의 명언만큼이나 널리 쓰이는 말이다). 바로, '시간이 좀 넉넉했다면 더 간결하게 쓸 수 있었을 텐데.'다. 이메일 작성에 시간을 투자하는 사람은 별로 없기에, 급히 써 내려가다 내용을 장황히 늘어놓거나 횡설수설하는 경우가 빈번하다. 그 때문에 이메일에 조금만 공을 들이면 결국 시간 절약에 큰 도움이 된다.

키보드의 Delete(삭제) 키는
존재하는 이유가 있다.

– 스티븐 킹

그러니 이메일을 작성해야 한다면 우선 할 말을 확실히 정하자. 원하는 바가 무엇인지 분명히 하되, 짧게 설명한다. 문장을 5개로 제한하면 실천하기 쉽다.

    1. 인사
    2. 무엇을 보내는가
    3. 세부사항
    4. 어떤 행동을 요구하는가
    5. 인사

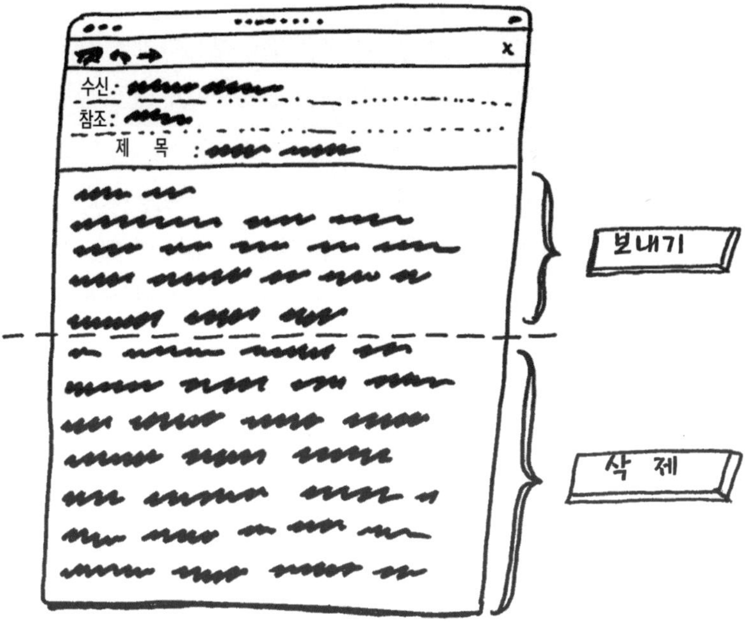

이 지침을 따르면 아래와 같은 이메일이 완성될 것이다.

> 제인 씨 안녕하세요,
> 저번에 호숫가에서 논의한 결과를 반영한 새 디자인을 보내드립니다.
> 색상을 변경해 더 자연스러운 느낌을 주었습니다.
> 살펴보아 주시고 이번 색상을 더 선호하시는지 답변 부탁드립니다.
> 이만 줄입니다, 타잔 드림.

질문이 무엇인지 아주 명확히 드러나 있다. '네' 혹은 '아니요'로만 답할 수 있을 정도다. 더 짧은 답장도 가능하다. 전 미국 국무장관 비서실장 셰릴 밀스는 긍정의 의미를 담은 답장을 보낼 때, yes의 앞글자인 'y'만 보냈다고 한다. 상대가 힐러리 클린턴이라도 마찬가지였다.

효율적인 업무 비법 #2 회의

창의적 작업에 있어 회의는 필요악이다. 평소 은둔해 있다가도 가끔은 회의나 프레젠테이션에 임해야 하기 때문이다. 때론 회의가 끝 모를 수다처럼 느껴지기도 하며, 프레젠테이션처럼 누군가 설득하는 일에는 엄청난 에너지가 소모된다. 피할 수는 없는 일이니 상황을 최대한 활용하도록 하자. 예를 들어, 회의와 프레젠테이션을 창의적 업무의 일부라 여기는 것이다. 또, 이는 다양한 사람들과 교류하는 계기이자 고객과 소통할 절호의 기회이기도 하다. 그 기회를 잘 이용한다면 지루하기만 했던 미팅, 심장 떨리는 프레젠테이션을 통해 생각지 못한 성과를 거둘지도 모른다. 더불어 시간을 절약하는 계기가 될 수도 있다.

숙제를 하라

준비 없이 회의에 뛰어드는 것은 어리석은 짓이다. 누가 회의에 참석하는지, 이야기하는 대상이 누구인지 반드시 숙지해야 한다(필요하다면 인터넷에서 찾아보아도 좋다). 고객에게 누구를 데려올 것인지 물어보고, 가능한 한 그들의 특성을 파악해둔다. 그런 정보가 있어야 적절한 스타일로 회의를 꾸려나갈 수 있다.

곧바로 본론으로 들어가는 것을 선호하는 사람도 있고, 대화를 통해 신중히 탐색해보는 사람도 있다. 고객은 저마다 제각각이다. 네, 아니요로 답할 수 있을 만큼 깔끔히 정돈된 제안을 기대하는 고객도 있지만, 프로젝트 참여도가 높은 고객이라면 다양한 선택지를 보고 싶어 할 것이다.

인간성을 드러내라

그편이 더 매력적이다. 예를 들어, 협업을 바탕으로 활동하는 그래픽 디자이너 조직의 경우에는 명함에 의사결정권자의 이름을 올리는 식이다. 또, 망설이지 말고 자신의 개성을 어필하자. 고객이 작업실을 방문하기로 했는가? 신선한 경험을 선사할 기회다. 신비로운 음악을 크게 틀어놓아도 좋다. 평소 지루한 사무실에서만 틀어박혀 있는 고객이라면 분명 반길 것이다.

영상통화로 시간을 절약하라

직접 마주하는 회의가 필요할 때도 있지만, 화상 회의 또한 매우 유용한 수단이다. 영상통화로도 머리를 맞댄 채(실제와는 조금 다르지만) 스크린상에서 필요한 자료를 확인하며 회의를 진행할 수 있다. 그러면 미팅을 위해 길을 나설 필요가 없다. 사소한 문제를 다룰 때는 이렇게 영상통화를 활용하는 편이 훨씬 수월하다.

주의할 점! 영상통화를 걸기 전 반드시 사전에 시간을 협의하자. 예고 없이 영상통화를 걸면 안 되며, 고객에게도 그 점에 대해 확실히 해두어야 한다. 한번은 스카이프Skype에 접속하기만 하면 자꾸 영상통화를 걸어오는 고객도 있었다. 그는 늦은 저녁 시간에도 마구 전화를 걸어왔다. 나는 그에게 내가 접속해있다 해서 항시 전화를 받을 수 있는 것은 아니라고 정중히 설명해주었다.

영상통화가 꼭 필요한 상황인지 한 번 더 생각해보는 습관을 들이자. 자기 프로젝트와 조금이라도 얽혀 있는 사람이라면 무조건 전화부터 걸어대는 사람들이 꼭 있다. 조명 기술자인 내 형은 이런 일화를 전했다. "정신을 차려보니 변기를 하수구에 연결하는 방법을 3시간째 듣고 있더라니까."

프로답게, 확실히 선을 긋자

이와 비슷한 같이 하는 문제가 하나 더 있다. 고객과 어떤 메신저로 소통할 것인지 명확히 정해두어야 한다. 그렇지 않았다간 메신저 앱을 10개나 내려받아야 하는 사태가 벌어지기 일쑤이다. 고객이 왓츠앱WhatsApp으로 중요한 정보를 보내오는 경우, 나는 예의를 갖추어 이메일로 보내달라고 부탁한다. 후에 중요한 사안을 빠뜨리는 사태를 방지하기 위해서다(내게 왓츠앱은 친구들과 수다를 떨거나 웃긴 사진을 보낼 때 등에나 이용하는 매체이기 때문이다).

어딘가로 향하는 도중에 전화를 받은 경우, 이메일로 요점을 설명해달라 청하자. 그러면 갑자기 정신없이 펜을 찾아 헤매지 않아도 된다. 직접 이메일을 작성해 보낸다면 정보를 빠짐없이 전달했다고 확신할 수 있으니 고객에게도 좋은 일이다.

효율적인 업무 비법 #3 브리핑

브리핑으로 고객을 파악하라

브리핑을 통해 고객의 수준을 간파할 수 있다. 특히 고객이 무엇을 원하며 그들에게 무엇이 필요한지 알아보는 데는 브리핑이 제격이다. 프로의식 투철한 고객은 먼저 나서서 자신의 요구사항을 세세히 알려주는 브리핑을 선보인다. 그러나 안타깝게도, '사진 한 장에 얼마죠?'나 '그림 한 장에 얼마나 받나요?'라 물어오는 고객도 존재한다. 정확히 어떤 작품이 필요한지 언급하지 않았다면 이런 질문에 답할 필요 없다. 즉, 고객의 요구사항을 명확히 파악하지 못했다면 논의를 진행해서는 안 된다. 이럴 때는 고객과 직접 마주하고 대화하는 자리를 마련하는 편이 빠르다.

의욕이 지나친 나머지 별것도 아닌 사안을 가지고 장황한 브리핑을 늘어놓는 고객을 만날지도 모른다(아마 예산도 쥐꼬리만큼 잡아놓았을 것이다). 아마도 당신 말고도 여러 군데를 접촉하여 똑같은 문의를 할 가능성도 높다. 이런 행태를 보이는 고객은 프로처럼 굴어보려 애쓰지만 실상은 전혀 그렇지 못하다. 그런 업무 수행 방식은 프로젝트 진행을 지연시키기 쉽다. 고객이 이해하지 못하는 사안에 스스로 관여하려 드는 게 주된 이유다.

고객이 자신이 무엇을 원하는지조차 모르는가? 길고 긴 대화를 주고받았건만 진전이 없는가? 그 지경이라면 정말 프로젝트를 수임해도 괜찮을지 고민해보아야 한다. 미리 경고해두는데, 좌절로 얼룩질 매우 곤란한 과정이 기다리고 있을지 모른다.

브리핑을 재해석하라

고객이 브리핑했든 하지 않았든, 항상 주어진 프로젝트를 다시 한번 분석해보아야 한다. 이 과정을 통해 주어진 업무가 무엇인지 정확히 파악할 수 있다. 업무를 명료히 규정하는 부분을 소홀히 여겨서는 안 된다. 그랬다간 나중에 세 배는 더 고생하기 일쑤다. 프로젝트에 조금이라도 모호한 점이 있다면(프로젝트 범위나 마감 시한, 스타일, 피드백 절차 등) 결국 두고두고 시간을 잔뜩 잡아먹고 엄청난 짜증을 불러일으키는 골칫거리로 자라나기 마련이다.

예산을 물어보라

대개 고객은 예산을 투명하게 공개하기를 꺼린다. 그래도 예산이 얼마인지 (대충이라도) 꼭 물어보아야 한다. 힌트를 조금만 주어도 그에 합당한 규모의 프로젝트를 제시할 수 있다. 샘플 제작에도 시간을 꽤 투자해야 하니, 예산을 초과한 프로젝트의 샘플을 만든다고 몇 시간을 허비하지는 말자. 고객이 예산을 전혀 모르는 상태인가? 그렇다면 이쪽에서 먼저 가격을 제시해주길 기다리고 있을 터다. 그런 경우에는 먼저 대강의 견적을 내주자. 고객이 그 가격에 질겁하지 않는다면 그때 더욱 꼼꼼히 측정한 가격을 알려주면 된다.

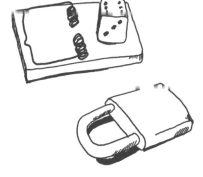

효율적인 업무 비법 #4 싱글태스킹

인터넷과 핸드폰이 개발되면서 덩달아 멀티태스킹에 대한 기대도 전례 없이 높아졌다. 물론 한꺼번에 여러 가지 일을 하는 것이 가능하긴 하다. 다만, '얼마나 제대로 하느냐'가 문제다.

여러분은 트위터와 텍스트가 정신없이 쏟아지는 시대를 살아왔습니다. 이 시대에는 일을 많이 벌일수록 더 많이 이룰 수 있는 게 아니라는 것을 잊지 마십시오.

—덴절 워싱턴

멀티태스킹에 대한 오해

한꺼번에 여러 일을 하려면 집중력을 분산해야 한다. 길을 걸어가며 껌을 씹는 것은 어려울 게 없겠지만, 걸어가는 동시에 전화 통화를 하다 보면 방향감각을 잃어버리기 일쑤다. 그래도 그 정도는 가뿐히 해내기 마련이다. 문제는 고도의 집중력이 필요한 활동을 동시에 수행할 때에 발생한다. 이메일을 쓰면서 전화통화를 한다고 생각해보자.

저장 공간이 부족하다

우리 뇌는 멀티태스킹용이 아니다. 따라서 동시에 여러 가지 일에 균등히 집중력을 분산하기란 불가능하다. 애초에 무언가 동시에 처리한다는 것부

터 말이 안 되는 소리다. 멀티태스킹 중인 뇌는 끊임없이 다양한 주제를 오가야 하고, 뇌의 입장에서는 그렇게 주제를 바꿀 때마다 전원을 껐다 켜는 것이나 마찬가지다. 그러니 머릿속으로 들어오는 정보가 조각조각 흩어질 수밖에 없다. 그렇게 받아들인 정보의 파편들이 장기기억long term memory 으로 남는 경우는 거의 없다. 즉, 지금 전화 통화를 하는 도중에 이 글을 읽고 있다면 나중에 통화 내용이 잘 기억나지 않거나, 어떤 글이었는지 떠올리기 힘들 것이다. 결국 둘 다 까맣게 잊어버릴지도 모른다.

놓쳐버리기

멀티태스킹을 그만둘 이유가 더 필요한가? 늘 전화통을 붙잡은 채 거리를 거니는 사람은 자신을 둘러싼 풍경을 제대로 인식하지 못한다. 작곡가인 내 친구는 이렇게 말했다. "난 여행을 할 때면 주변의 소리를 듣곤 해. 그건 집에서는 절대 들을 수 없는 '음악'이니까." 이처럼 멀티태스킹을 그만두면 머릿속 세상 풍산를 늘릴 수 있을 뿐만 아니라, 그 비운 공간을 새로운 영감과 아이디어로 채워 넣을 기회도 찾아온다.

한 번에 한 가지 일만 한다면 단 하루 만에 정말 많은 것을 성취할 수 있다. 그러나 두 가지를 동시에 하려면 한 해를 매달려도 다 해내지 못할 것이다.

—필립 스탠호프

싱글태스킹 고수되기

멀티태스킹을 하는 사람은 스트레스에 더욱 취약하며 실수할 확률도 높다. 멀티태스킹 도중에는 그 사실을 직시하지 못해 생산성이 높아지는 듯한 착각에 빠질 수 있으나 결과는 항상 같다. 멀티태스킹에 임할 때의 뇌 용량은 대마초를 피운 후의 뇌 용량보다도 더 적다는 연구 결과도 있다.

종국에는 한 번에 한 가지 일만 하는 사람이 더 큰 생산성을 발휘한다. 생각의 파편에 마음을 빼앗기지 않은 채 제대로 몰두하기 때문이다. 따라서 그렇지 않은 사람보다 더 빨리 일을 마칠 수 있다. 또, 온종일 잡다한 일에 시달렸지만 그중 대다수는 끝마치지 못한 날보다, 프로젝트 하나에 하루를 온전히 바친 날 훨씬 충만하고 평온한 기분으로 잠자리에 들 수 있다.

집중력 vs. 업무

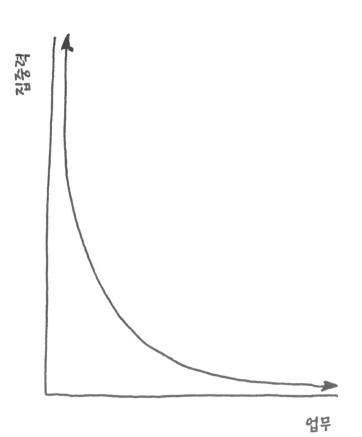

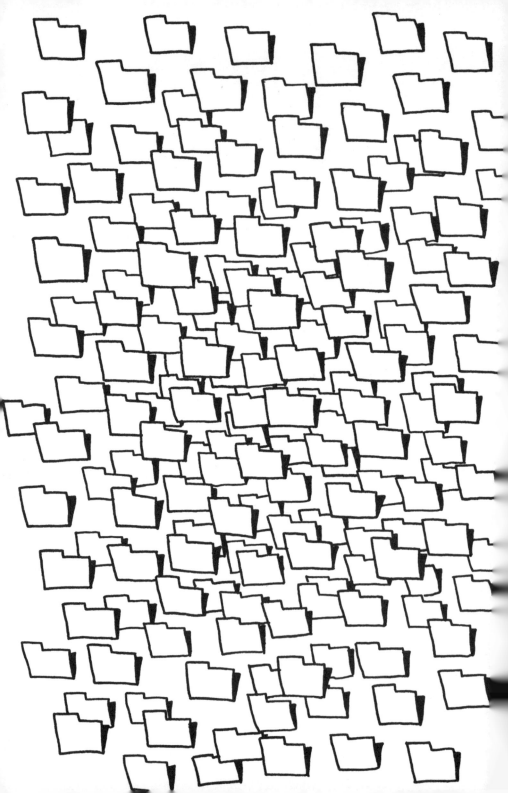

어떤 것이든 좋으니 체계적인 방식에 따라 업무에 임하자. 업무 중에는 관심을 두어서는 안 되는 일(또는 시간을 허비하면 안 되는 일)이 정말 많다. 업무수행 방식을 설정하고 자동화하면 그런 면에서 통제력을 발휘할 수 있다. 그렇게 정신과 육체가 여유를 되찾으면 자연히 새로운 시도를 할 여력도 생겨난다.

> 규칙적이고 정돈된 삶을 살아보라. 그리하면 일도 저돌적이고
> 독창적으로 할 수 있다.
> ─클라이브 바커

업무의 흐름을 찾아라

창의적인 일은 형태도 규모도 다양하지만 공통점이 있다. 창의력을 발휘하려면 아이디어가 필요하다는 것. 아이디어에서 출발해 결과물에 도달하는 과정이 바로 업무 프로세스인데 이 말이 막연하게 들린다면 '방법'이란 단어를 떠올리면 된다. 이는 곧 업무의 시작부터 끝까지 당신이 따라야 할 업무의 흐름도이다.

나만의 파일 정리법을 마련하라

창의적 작업의 대부분은 컴퓨터를 사용해서 한다. 컴퓨터의 가장 큰 장점은 자료를 깔끔히 정리할 수 있다는 것이다. 그러나 때론 무엇을 어디에 저장했는지 몰라 큰 혼란에 빠지기도 한다. 컴퓨터에 검색 기능이 있어서 참 다행이다 싶다.

　파일 정리법을 잘 구축에 놓으면 일이 수월해진다. 업무의 흐름을 컴퓨터상에 옮겨놓은 것이 바로 이 정돈 체계다. 그러므로 파일 디렉터리의 구

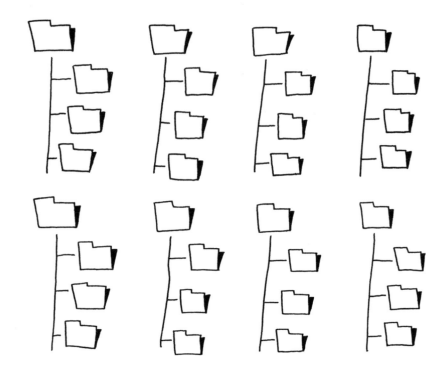

조만 보아도 업무의 흐름을 시각적으로 파악할 수 있다.

파일 디렉터리의 구조를 확정하기 전, 누구나 아무 설명 없이도 이해할 수 있을 정도로 구조가 명확한지 점검해보자. 간단할수록 좋다. 다른 프리랜서나 팀원, 인턴 같은 이들과 협업해야 하는 경우 더욱 그렇다.

먼저 빈 폴더들로 이루어진 디렉터리 체계를 만들자. 그런 후 각 프로젝트의 자료를 복사·저장만 하면 모든 프로젝트의 파일이 같은 구조로 정돈될 것이다. 이 방법을 따르면 새로운 프로젝트를 시작할 때 시간을 절약할 수 있다. 또, 몇 개월이 지난 후 무언가 찾아내야 할 때도 즉각 파일의 위치를 알 수 있어 편리하다.

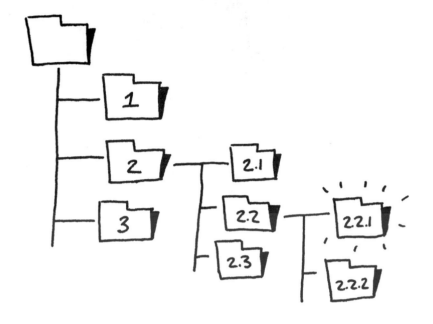

실전 팁

우선 기본 구조를 정한다. 예를 들어, 폴더 3개를 만들어 각각 현재, 과거, 개발 중이라 이름 붙일 수 있겠다. 이제 볼 필요 없는 폴더는 죄다 '과거' 폴더로 옮기자. 연별, 월별로 폴더를 구성해도 좋다.

　자료의 위치를 빠르게 설명해야 하는 상황에서는 숫자가 적격이다. '그 파일은 2.2.1 폴더에 들어있어요.'라 답하면 알아듣기 쉽다. 이런 경우 2는 디자인을, 2.2는 스케치를, 2.2.1는 일러스트를 의미할 수 있겠다.

　여러 버전의 파일을 생성하는 편인가? 그렇다면 일정한 법칙에 따라 이름을 짓는 게 좋다. '키드_버전1_블랙AD'처럼 식이다. 이렇게 법칙을 정해두면 원하는 버전의 파일을 찾기 쉽다.

모든 것을 자동화하라(최대한 애써보자)

컴퓨터를 활용한다고 반드시 더 좋은 디자인이 탄생하는 것은 아니다. 컴퓨터는 그저 디지털상의 연필일 뿐이다. 당신이 원하는 바를 명확히 아는 순간 컴퓨터는 정말로 훌륭한 도구가 되어줄 것이다. 작업의 완성도는 높아지고 수작업으로 진행하면 몇 시간이 걸릴 일도 컴퓨터 프로그램이 척척 해낼 것이다.

컴퓨터를 활용한다 해서 더 좋은 디자인이 나오는 건 아니지만, 작업 속도만큼은 대폭 향상할 수 있다.

—빔 크라우벨

포토샵의 자동 반복 기능도 그중 하나다. 포토샵에서 한 번만 시범을 보이면 그 과정을 자동화할 수 있다. 여러 장의 사진을 같은 방식으로 수정해야 할 때 매우 유용한 기능이다.

활용도 높은 기능을 하나 더 소개한다. 이메일의 스마트폴더 도구를 이용하면 관련 이메일끼리 자동으로 분류해준다.

코딩을 좀 다룰 줄 안다면 필요한 자동화 작업을 직접 만들 수 있다. 어렵다면 시중에 나와 있는 앱이나 웹사이트, 프로그램 따위를 이용해 자동화를 진행해도 좋다. 요즈음엔 자동화가 안 되는 게 거의 없을 정도다. IF-TTTIf This Then That라는 앱이 그 좋은 예다. 이 웹사이트IFTTT.com는 모든

```
fill(None)
stroke(0)
strokeWidth(2)
for i in range(10):
    y = 100 + 50 * i
    line((100, y), (600, y))
```

소셜미디어 계정을 연결해주는 서비스를 제공한다.

완벽한 도구를 찾기까지 꽤 오래 걸릴지도 모른다. 그래도 적절한 것을 찾기만 하면 획기적으로 시간을 절약할 수 있다. 단, 프로그램을 빈번히 이용한다는 조건에 한해서다. 사용 빈도가 낮은 경우라면 마음에 드는 프로그램을 찾는 데 시간을 들일 바에야 수작업으로 진행하는 편이 더 빠를 것이다.

메신저 서비스

협업이나 파일 공유처럼 일상적인 작업을 위한 메신저는 무수히 많다. 이때 반드시 팀원 대부분이 이용하는 메신저를 택하도록 하자. 이미 특정 메신저가 업무 양식의 일환으로 자리 잡았을 테니, 또다시 새로운 프로그램에 적응하는 수고를 덜어주자는 것이다.

그렇다면 어떤 기준으로 메신저를 선택해야 할까? 우선 메신저 이용 조건과 접근성을 따져보아야 한다. 페이스북의 그룹 기능은 팀원들이 이미 페이스북에 가입한 후여야 편리할 것이다. 다들 이동이 잦다면 왓츠앱이 적합하나, 빈번히 파일을 공유해야 하는 상황이라면 불편할 수 있다. 메신저를 통해 대화뿐 아니라 업무 배정까지 해야 할지도 모른다. 이런 경우에는 온라인 프로젝트 관리 도구가 매우 많으니 그중 하나를 택하는 편이 좋다.

단, 프로젝트의 시작 단계서부터 메신저를 고른답시고 주야장천 회의만 거듭해선 곤란하다. 그런 시간 낭비도 또 없다. 우선 프로젝트에 돌입한 뒤, 정말 메신저가 필요한지 협업 과정에서 차차 알아가자.

프로답게 프로 버전을 써라

디지털상의 모든 게 공짜여야 한다고 믿는 자들이 여전히 많다. 디지털 형태의 상품을 복제하기 쉬운 것은 사실이나, 그것이 거저 주어야 할 이유가 될 수는 없다. 누군가 코드를 적어 소프트웨어를 만들어냈다는 사실 그 자체로 가치를 지니기 때문이다. 게다가 소프트웨어를 이용해 당신은 무언가 새로운 가치를 창출한다. 예를 들어 소프트웨어를 활용해 의자 제작을 위한 디자인 작업을 수행했다면 그렇게 만들어진 의자는 사람들에게 유익한 새로운 가치가 부여되는 것이다. 의자를 디자인하기 위해 시간을 투자했으니 의자값을 받고 싶은 것은 당연하며, 동시에 이는 누려야 마땅한 권리다. 결국 당신은 프로이지 않은가. 애초에 프로 디자이너가 디자인 도구에 투자하지 않겠다는 건 어불성설이다.

불법 소프트웨어나 무료 버전으로는 정품의 모든 기능을 이용할 수 없다. 따라서 결국엔 그 결핍을 메우느라 시간이 더 걸리고 만다. 그렇게 잃어버린 시간은 고객에게 비용으로 청구할 수도 없다. 그런 식으로 몇 시간이나 낭비했는지 계산하여 시급으로 환산해보면 정품 구매를 피하느라 보이지 않는 돈을 얼마나 지출했는지 알 수 있다. 그러느니 당당하게 프로 버전을 사서 쓰자. 장기적으로는 그편이 저렴하며, 스트레스도 훨씬 덜 받는다. 왜냐고? 오류 없이 작동하니까. 정품을 사용하면 번거로울 일이 없다. 더불어 정품으로 작업하는 사람이 더욱 프로다워 보인다는 장점도 있다.

온라인 소프트웨어의 정품 사용료가 염려되는가? 알고 보면 별것도 아니다. 외장 하드나 소프트웨어를 오프라인으로 사야 하던 시절에는 비용이 더욱 많이 들었다. 더구나 온라인 소프트웨어는 끊임없이 업데이트되므로 언제나 최신 버전을 이용할 수 있다.

인간 vs. 기계

창작에 방해가 되는 작업만 자동화시켜야 한다. 창작 과정 그 자체를 자동화하지 않도록 조심하자. 컴퓨터는 주어진 코드에 따라 작업을 진행할 뿐이다. 인간은 그 내면에 꿈, 느낌, 기감, 기억, 표현과 따위가 복잡하게 얽혀 있어서 자신만의 연결고리를 만들어낼 수 있으나, 컴퓨터는 인간과 달라서 그런 작업을 할 줄 모른다. 이것이 바로 인간의 창의력이다. 컴퓨터는 우리 뇌가 창의적인 작업에 매달릴 수 있도록 뇌의 용량을 비워주고 시간을 절약해주는 도구에 불과하다!

협업

분야에 따라 다르겠지만, 가끔 협업이 필요하거나 필수인 경우도 있다. 화가나 예술가는 홀로 일하지만 조수를 두기도 한다. 배우와 무용수는 함께 공연한다. 디자이너를 비롯한 다종다양한 프리랜서는 보통 홀로 일하나, 간혹 팀을 결성해 프로젝트를 진행할 때도 있다. 협업의 효과를 톡톡히 보는 경우에는 더 적은 시간을 들여 더 큰 결실을 볼 수 있다. 그러나 협업은 때론 끊임없는 불협화음과 좌절의 온상으로 전락하기도 한다.

적합한 동료 고르기

협업이란 창의적인 뇌가 하나 더 생기는 것이나 마찬가지다. 뇌 하나로 모든 것을 생각해내느라 힘 빼는 대신, 동료의 창의성을 활용할 수 있다. 발전적 협업을 위해서는 상호보완적인 사람, 즉 혼자일 때보다 더 큰 능력을 발휘하게 만드는 사람을 만나는 것이 중요하다. 두 사람은 '1+1=3' 같은 관계여야 한다. 최소한 나와 수준이 비슷한 사람을 고르자. 나보다 한 단계 높은 수준이면 금상첨화다. 그런 동료를 만나면 능률이 치솟기 마련이다. 내가 갖지 못한 능력을 지녔거나 내겐 너무 어려운 일을 손쉽게 해내는 동료를 만나면 혼자서는 불가능해 보이거나 오래 걸릴 일도 잘 해낼 수 있다. 서로의 강점을 잘 활용하면 최고의 팀으로 거듭날 것이다.

상호보완적인 동료

나와 생각이 비슷한 사람과 함께하면 좋을 듯하지만, 막상 겪어보면 그런 관계에서는 딱히 얻을 게 없다. 그 결과는 고작 '1+1=2'이기 때문이다. 비슷하게 생긴 사과가 두 개 담긴 바구니보다는, 사과와 배가 하나씩 담긴 바구니가 더 보기 좋은 것과 같은 이치다.

협업의 종류

1 + 1 = 3	**성공적인 협업**
1 + 1 = 2	**의미 없는 협업**
1 + 1 = 1	**한 사람만 일하는 협업**
1 + 1 = 0	**성과가 없는 협업**
1 + 1 = −1	**최악의 협업**
1 + 1 = 1 + 1	**그저 한 공간에 있을 뿐인 협업**

To Do 리스트

To Don't 리스트

모두가 비슷한 생각을 한다는 것은 아무도 생각하지 않는다는 뜻이다.

– 월터 리프먼

성공적인 협업은 사랑에 빠지는 과정과 닮았다. 억지로 밀어붙일 수 있는 일이 아니며 자연스레 이루어진다는 점에서 그렇다. 재미있게도, 사랑에 빠지면 상대에게서 자기 자신의 새로운 측면을 발견하게 된다. 또, 나의 모습을 잃지 않은 채 내겐 없는 상대의 장점을 받아들여 더 나은 사람으로 거듭날 수 있다.

협업도 이와 마찬가지다. 동료와 어느 정도 공통점이 있어야 서로 같은 열정을 품고 함께하고 있음을 확신할 수 있다. 한편으로는 서로가 상호보완적인 존재인 동시에 동등한 권한을 가져야 한다. 바로 그 순간 '1+1=3' 보다도 더욱 값진 협업이 탄생하는 것이다.

효과적인 협업에는 두 종류가 있다. 사고방식이 비슷하고 각자 보유한 기술이 다르며 동시에 상호보완적인 경우다. 혹은 유사한 기술을 보유했으나 사고방식이 다르고 상호보완적일 경우도 있다.

주의할 점이 있다. 이때 '서로 다른 사고방식'과 '서로 다른 능력'이 완전히 극과 극에 놓여 있어서는 안 된다는 것이다. 두 사람의 세계가 어느 만큼은 겹치거나 서로 인접한 부분도 있어야 한다.

비슷한 사고방식, 다른 능력

두 사람이 만나 협업하는 흔한 예로 광고업계의 '아트&카피'팀을 꼽을 수 있다. 이는 아트디렉터와 카피라이터의 만남을 뜻한다. 우선 둘이 함께 광고의 콘셉트를 설정한 후, 한 사람은 예술적 표현을 책임지고 다른 하나는 광고 문구를 담당하는 식으로 역할을 분담한다.

이런 경우엔 분야가 완전히 달라도 협업할 수 있다. 예를 들어, 타이포그래 퍼typographer인 나는 여러 해 동안 영상효과 스튜디오와 협업하며 영화 속 자막을 디자인해왔다. 비록 각기 다른 분야에 종사하고 있지만 우리가 프로젝트에 접근하는 방식은 같다. 우선 함께 콘셉트를 설정하고 나면, 나는 타이포그래피와 디자인에, 스튜디오는 애니메이션에 전념한다. 이렇게 함께한 덕분에 혼자라면 이루기 힘들었을 목표를 달성할 수 있었다.

같은 능력, 다른 사고방식

같은 일을 하지만 서로 다른 시각을 지닌 두 사람이 만날 때에도 훌륭한 협업이 가능하다. 이때, 이른바 창조적 '한판 대결'이 벌어지게 된다. 한 사람이 무언가 만들어내면 다른 사람이 보완하고, 그러면 처음 사람이 그 결과물을 다시 살핀다. 서로 다른 시각을 통해 작품을 바라보기에 결국 혼자서는 만들지 못했을 작품이 탄생한다. 이때, 반드시 서로를 존중하는 태도를 갖추는 게 중요하다. 상대가 보완한 부분의 진가를 알아보고 그에 따라 적절한 수정을 가할 줄 알아야 한다.

상하 관계가 생기지 않도록 주의하자. 예를 들어, 한쪽이 일방적으로 지시에 따르는 모양새는 좋지 않다. 그렇게 관계의 추가 기울어지면 '1+1=1'로 전락할 위험이 있다. 또, 협력하고 있는 줄만 알았는데 알고 보면 따로 놀고 있는 사태('1+1=1+1')가 발생할지도 모르니 조심하자. 일이 이렇게 흘러간다면 한 번쯤 터놓고 이야기를 나누어보자. 어쩌면 협업을 중단해야 하는 상황일 수 있다.

성특을 인었을 때

내 마음대로 동료를 고를 수 없을 때도 있다. 공통점이라곤 단 한 줌도 찾

협업 모델

같은 사고방식

같은 기술

다른 기술

지루함

협업 가능!

협업 가능!

굳이 함께할
필요가 있을까?

아볼 수 없는 사람과 협업하는 상황에 놓일 수 있다는 것이다. 참 곤란한 일이다. 그렇더라도 골내며 앉아만 있을 게 아니라 대화를 시도해보자. 이 때 사적인 공간에서 대화의 물꼬를 트는 것이 효과적이다. 같이 점심을 먹으러 간다든가, 맥주 한잔, 스쿼시 한판을 함께하면 수월히 유대감을 형성할 수 있다.

둘의 공통분모를 찾아보자. 비록 극과 극을 달리는 사람들이지만 공통점이 하나쯤은 있을 것이다. 같은 프로젝트를 담당했다는 점부터가 그렇지 않은가. 각자 어떤 기준으로 이 프로젝트의 성공 여부를 평가하는지 털어놓도록 하자. 그러면 적어도 어떤 결과물을 원하는가에 대해서만큼은 합의를 볼 수 있다.

어쩌면 서로 잘 맞지 않는다는 사실에도 동의할 수 있을 것이다. 그렇다면 남은 문제는 이것이다. 어떻게 해야 이 상황을 극복하고 좋은 결과를 얻어낼 것인가? 만족스러운 결과물을 손에 넣기 위한 계획안을 세워보자.

우선 나와 동료의 강점과 약점이 무엇인지 고민해보라. 이때 동료에게도 자신과 나의 강점과 약점을 생각해보게 하자. 그 후 둘의 의견을 비교해보면 두 사람의 협업이 어려운 이유가 드러날 것이다. 그러다 보면 함께 원하는 목적지에 도달하기 위해 어떤 자질이 필요한지 깨닫게 될지 모른다. 그 자질을 파악하려 애쓰자.

전부 시도해보았으나 효과가 없다고? 그렇다면 상사나 고객에게 알리는 수밖에 없다. 아무리 생각해도 협업이 불가능하다는 확신이 선 뒤에 그리 해야 한다. 단 감정 다툼으로 번지기 전에 결단을 내려야 한다. 또 어떤 경우든 둘 간의 대화를 바탕으로 해결하도록 한다. 앞으로 또 어떤 관계로 얽히게 될지 모를 일이니까.

따로 또 같이

협업에 빠져 자신의 길을 잃어서는 안 된다. 갑자기 동료가 사라지더라도 문제없이 다시 홀로 설 수 있어야 한다. 인간처럼 변덕스러운 존재도 없어서, 동료는 언제고 '이제부터 다른 일을 해보려 해.'라며 떠나갈 수 있다.

협업 관계에 의존하지 말라는 것이다. 언제나 자신이 설정한 경로를 이탈해선 안 된다. 또 협업을 결정할 때마다 내가 계획한 경로를 이탈하고 있는 것은 아닌지 끊임없이 점검해보아야 한다. 가장 쉬운 방법은 자신이 애초에 설정한 해시태그를 돌이켜보는 것이다. 전환점이 찾아올 때마다 당면한 협업이 나의 해시태그와 어울리는지를 점검해보라.

협업 관계가 더는 자신과 맞지 않는가? 그렇다면 각자의 길을 가도록 하자. 어려운 결정일 수 있다. 그러나 솔직히 터놓고 이야기해보면 양쪽 모두에게 협업만이 능사는 아님을 깨닫게 될 것이다. 이런 솔직한 대화는 두 명 모두에게 안도감을 줄 수 있다. 아마 상대방도 오히려 잘 되었다고 생각할 것이다. '1+1=-1'의 관계를 원하는 사람은 없으니….

꼭 심각한 말다툼과 함께 협업이 막을 내려야 한다는 법은 없다. 나는 지금껏 함께 일했던 사람들과 쭉 친밀한 관계를 유지하고 있다. 또, 협업에도 종류와 정도가 있어서, 시작 단계부터 공통점을 찾아내거나 개인사를 공유해야 하는 것은 아니다. 경험에 따르면, 일단은 업무에 집중하며 사적 관계는 흘러가는 대로 놓아두는 편이 좋다.

디자이너가 너무 많으면 말을 디자인하려다 낙타를 만들기 십상이다.

—알렉 이시고니스 경

브레인스토밍에 대한 착각

브레인스토밍은 20세기 중반, 유명 광고 에이전시 BBDo의 파트너였던 알렉스 오즈번이 창안한 개념이다. 광고인 10명을 한 방에 몰아넣고 다들 자유롭게 아이디어를 발산하도록 내버려 두면 매우 이른 시간 안에 양질의 아이디어를 뽑아낼 수 있다는 원리다. 오즈번은 이 브레인스토밍 기법 덕에 세계적인 유명인사로 등극했다. 이후 브레인스토밍은 기업의 필수품으로 자리 잡았으며, 직원부터 임원진까지 즐겨 이용하는 기법이 되었다.

성공적인 브레인스토밍을 위해서는 두 가지 규칙이 필요하다. 첫째, 좋지 않은 아이디어란 없다는 것, 둘째, 최대한 많은 아이디어를 쏟아내라는 것이다. 정말 훌륭한 발상이다. 문제는 브레인스토밍만 활용하면 금방 해결 방안이 등장하리라 믿게 된다는 점이다.

하지만 그런 식으로는 해결책이 나오지 않는 게 보통이다. 언제나 논의를 주도하는 것은 목소리 큰 사람이고 상대적으로 조용한 쪽은 의견을 제시해도 주목받기 어렵다. 게다가 쓸모없는 아이디어란 없다는 규칙에도 불구하고 대개는 자신의 의견이 조롱받지 않을까 걱정하느라 의견을 내놓기 꺼린다. 이것 말고도 브레인스토밍이 효과를 발휘하지 않는 가장 큰 이유는 따로 있다. 사람들이 무리를 짓게 되면 진정 혁신적인 아이디어를 멀리하는 성향이 더욱 강해진다는 것이다. 혁신기술기업 박스BOX의 설립자 에런 레비는 이 사실을 적나라하게 보여주는 글을 트위터에 남겼다. "아이디어를 접한 사람들의 반응은 이렇게 나뉩니다. 형편없는 아이디어일 때: '그건 불가능해요', 괜찮은 아이디어일 때: '가능할 것 같네요', 훌륭한 아이디어일 때: '그건 불가능해요'"

1958년, 예일 대학교는 브레인스토밍이 정말 효과적인지 낱낱이 파헤친 첫 연구 결과를 발표했다. 학생들을 두 그룹으로 나누어 같은 문제에 대한 해결책을 찾게 한 것이었다. A그룹의 학생들은 브레인스토밍을 했고, B그룹의 학생들은 각자 해결책을 궁리했다. 그 결과 A그룹에서 더 많은 해결책이 등장하긴 했으나, 모두 혁신적이지 못한 방안이었다. B그룹의 학생들이 제시한 해결책이 훨씬 더 참신했다.

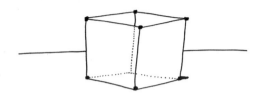

틀 안에 머물러라

브레인스토밍 시 흔히 하는 말이 있다. 모두가 틀을 깨는 발상을 시도해야 한다는 것이다. 그러나 이 '틀 깨기'에는 문제가 하나 있다. 틀이나 한계를 정해놓지 않으면 아이디어의 적합성을 판별할 수 없다는 것이다. 대체 어떤 기준으로 훌륭한 아이디어와 그렇지 못한 아이디어를 가려낸단 말인가?

앞서 언급한 택시 실험을 떠올려보자. 기사에게 '그냥 어디로든 가주세요'라 했다간 바람결에 흩날리는 낙엽 신세가 되고 만다. 무리 지은 사람들을 다룰 때도 마찬가지다. 방향을 제시해주지 않으면 길을 잃고 방황하기 쉽다. 브레인스토밍이랍시고 아이디어의 기준을 전혀 제시하지 않으면 말잔치로 끝나기 쉽다. 아무리 좋은 아이디어가 나와도 '가능할 것 같네요' 정도의 반응밖엔 기대하기 어렵다.

드루 보이드와 제이컵 골든버그가 공저한 《상자 속에서 생각하기》를 보면 정해진 틀 안에서 생각하는 것이 얼마나 효과적인지 잘 알 수 있다. 주어진 조건과 현실적인 가능성이라는 틀 안에서 해결책을 찾아보자. 진정 실현 가능한 아이디어를 손에 넣게 될 것이다.

아티스트는 홀로 일할 때 가장 큰 성과를 칭출해낸다. 혼자 일하라.

– 스티브 워즈니악

브레인스토밍은 아이디어 탄생에는 시간이 걸린다는 점을 간과한 기법이다. 아이디어는 보통 불현듯 떠오르지만, 그 후 시간을 들여 숙성하고, 테스트하고, 다듬고, 개선하는 과정이 필요하다. 2분 만에 곡을 써냈다는 음악가도 있긴 하다. 분명 몇 주간 머릿속에서 그 노래를 맛깔나게 요리해갔던 과정을 깜빡 잊고 말해주지 않은 것이리라. 오선지에 곡을 쓰고 난 후 끊임없이 수정을 거듭한 것은 말할 것도 없다.

한 시간 동안 브레인스토밍을 진행하며 200개의 아이디어를 얻을 수 있을지는 모르나, 죄다 길어야 한 시간 전에 갓 만든 아이디어일 뿐이다. 그중 시간을 들여 심사숙고한 아이디어는 없다. 바로 그 때문에 브레인스토밍은 한낱 재미있는 조직역량 강화 활동에 지나지 않는다.

브레인허싱(두뇌 추스르기)

아이디어를 발전시키고 그 아이디어를 실현하는 데 주어진 시간을 최대한 쏟아붓는 것. 그것이 바로 이 책의 핵심이다. 즉, 중요치 않은 문제에 시간을 허비하지 말자는 것이 우리의 화두다. 브레인스토밍은 이와 상극에 놓여 있다. 브레인스토밍은 아이디어의 탄생 과정을 최대한 짧게 줄여서 다른 번거로운 일을 처리할 시간을 벌어준다. 도대체 누굴 위한 일이란 말인가? 그러니 브레인스토밍은 그만두고 뇌를 추스르자.

> 나는 작업실을 텅 비우기 위해 이것저것 내다 버리곤 했으나,
> 이제는 그러지 않는다. 앞으로 한두 해 안에 다다르게 될
> 종착역이 뻔히 보이니까.
> —애니시 커푸어

뇌를 추스르는 작업은 마치 기차 여행과 같다. 우선 출발역에 모두 모여 각기 다른 열차에 오른다. 서로 다른 길을 알아서 택하지만 모두가 약속

프로젝트 행 열차 노선도

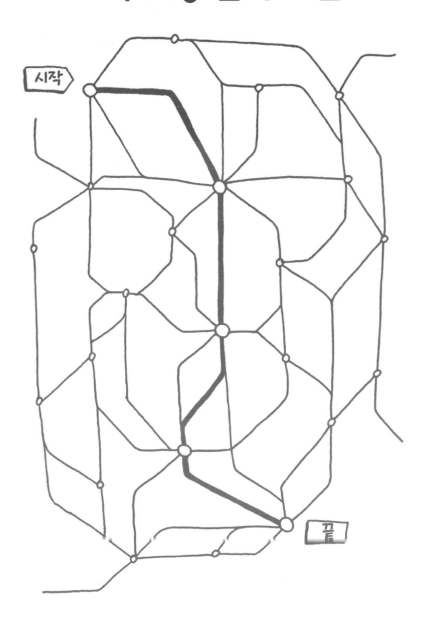

한 목적지로 향하는 것이다. 모이기로 한 역에 도착한 후에는 또 다음 목적지를 정한다. 이런 식으로 그 프로젝트의 최종 종착역까지 여정을 거듭해 나간다.

실례를 들면 이렇다. 팀은 반드시 소규모여야 하며, 팀원 모두의 발상과 실행 수준이 비슷해야 한다. 우선 프로젝트의 시작 단계에서 팀원들과 함께 새로운 아이디어를 모은다. 이 첫 회의를 통해 아이디어 초안이 몇 등장할 것이다. 그런 다음 다시 만날 날짜를 정한다. 그 후, '다음 역'에서 모일때까지 각자 자신이 정한 노선에 따라 아이디어를 구상한다.

다시 모였을 때는 각자 마련한 아이디어를 꺼내놓고 토론을 벌인다. 아이디어를 발전시킬 시간이 충분했기에(즉, 각자 뇌를 추스를 시간이 충분했으므로) 더욱 구체적인 이야기가 오갈 수 있다. 다음은 선택의 순간이다(어떤 아이디어를 택할지, 혹은 프로젝트에 어떤 기본원칙을 설정할지 선택해야 한다). 그 결과에 맞추어 또다시 위의 과정을 진행한다. '그다음 역'으로 가는 것이다.

이러한 과정을 통해 팀원들은 지금까지 논의한 사항을 곰곰이 생각할 수 있고, 그럼으로써 아이디어가 무르익을 수 있다. 그러다 보면 팀원 중 누군가 갑자기 획기적인 아이디어를 떠올릴 가능성이 커진다. 슈퍼마켓 계산대 앞에 줄을 서 있다가 불현듯 아이디어가 스치는 식이다. 이렇게 뇌 추스르기를 통해 프로젝트의 기반을 든든히 다질 수 있다. 단단한 주춧돌을 마련해두면 그 위에 집을 지어 올리기가 수월해진다.

유용한 팁을 하나 드리겠다. 팀원들이 서로 가까운 곳에 머물면 매우 편리하다. 금방 서로를 찾아가 잠깐씩 프로젝트에 대해 논의할 수 있기 때문이다.

브레인스토밍

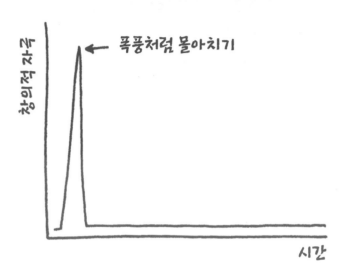

폭풍처럼 몰아치기

창의적 자극 / 시간

브레인허싱

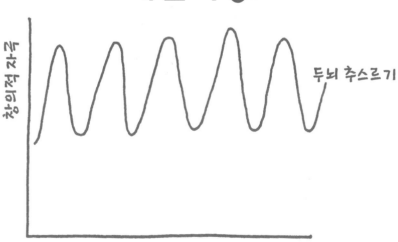

두뇌 추스르기

창의적 자극 / 시간

그저 비위를 맞추기 위해,
더 나쁜 경우엔 갈등을 피하고자
'네'라 말하는 것보다,
확고한 신념을 바탕으로 '아니요'라
답하는 게 훨씬 낫다.

—마하트마 간디

커피 한잔 거절하기 (각종 만남 자제하기)

자칫하면 종일 여기저기서 커피만 마시다 하루가 다 가기 쉽다. 왜인지 몰라도 늘 너나없이 커피나 한잔하자고 청해오니까. 그러나 약속 장소로 이동해서 한 시간 반 동안 이야기를 나눈 후 돌아오면 어느새 점심시간이 다 되어버린다. 아침 시간을 온전히 빼앗기는 것이다.

어렵더라도 '안 돼요'라 말해야 하는 이유

날 만나고 싶다는 사람에게 '안 됩니다'고 답하기란 쉽지 않은 일이다. 거절할 때의 기분은 영 찝찝하니까. 게다가 지인을 통해 알게 된 사람인 경우에는 왠지 예의상 받아들여야 할 것만 같다. '커피 한잔'을 거절하는 것과 비슷한 찝찝함은 일상생활 도처에 널려 있다. 고객이나 상사가 정말 원치 않는 일을 요청할 때도 마찬가지다. 아무튼, 지금은 커피에 집중하도록 하자.

지금껏 거쳐온 온갖 커피 한잔의 결과를 돌이켜보라. 그런 시간을 보낸 끝에 실제로 생산적인 협력이 이루어진 경우는 거의 없었을 것이다. 이유는 자명하다. 커피 마실 시간이 넘쳐나는 사람은 그다지 바쁘지 않은 사람이란 뜻이기 때문이다. 그런 자들은 '서로에게 유익한 일거리가 있는지 찾아봅시다'는 구실을 대며 접근해오지만, 알고 보면 이 말의 참뜻은 '절 끼워주실 만한 일거리가 있으신가요?'다. '지금 괜찮은 프로젝트에 참여하고 있는데 당신 같은 분이 꼭 필요합니다.'의 의미로 받아들이면 큰 착각이다.

커피 한잔의 대안

때로는 의미 있는 만남도 있다. 사람 일은 아무도 모르는 거니까. 끔찍이도 가기 싫던 파티에 참여했다가 아주 오랜만에 꽤잡히 즐겁게 지내고, 올 때도 있지 않은가. 사람 관계에는 예측 불가능한 요소가 있다. 그러므로 지금부터 시간을 절약해줄 커피 한잔의 대안을 살펴보도록 하자.

커피 대신 점심을 먹어라

친구와 함께 소셜미디어 기업을 운영할 때였다. 함께 커피를 마시자는 사람이 어찌나 많던지 일일이 응대하기가 불가능했다. 결국 우리는 절대 그 누구와도 커피를 마시지 않는다는 원칙을 세웠다. 그때부터는 누군가 커피 한잔을 청해올 때마다 예외 없이 거절하기로 했다. 다만 거절의 이유는 친절히 설명해주기로 했다. "'커피 한잔'은 서로의 시간을 크게 낭비하는 일이니 그 시간을 다른 곳에 쓰는 게 어떻겠습니까?"

시간 절감을 위해 우리는 대안을 제시했다. "사무실로 초대할 테니 점심을 함께 하시죠." 누구든 밥은 먹어야 할 테니까. 그렇게 점심시간을 활용해 미팅을 진행하다 보니 다른 장소로 이동할 필요도 없어졌다. 그 만남에서 아무 성과를 거두지 못하더라도 들인 비용이라곤 고작 샌드위치와 우유 한 잔(네덜란드식 점심 메뉴)뿐이니 대수롭지 않다. 그러다 좋은 거래가 성사되기라도 하면 세상에서 가장 생산적인 점심시간을 보낸 셈이다.

동시에 여러 사람과 커피를 마셔라

커피 한잔을 이용해 작은 이벤트를 벌일 수도 있다. 우리는 자사의 새로운 디지털 툴을 홍보하기 위해 괜찮은 장소를 빌려 10명 남짓한 인원을 초대했다. 똑같은 프레젠테이션을 10번이나 진행하는 대신, 동시에 10명에게 상품을 선보일 수 있었다. 더불어 초대받은 손님들도 새로운 사람들을 만나며 즐거운 시간을 보냈다.

안 그래도 가야 하는 곳에서 만나라

너무나 만나고 싶지 않은 사람들과 만나야 할 때 쓰는 좋은 방법이 있다. 이미 참여하기로 한 이벤트 장소에서 만나는 것이다. '저도 거기 가는데,

그럼 그쪽에서 뵙죠!' 그러고는 이벤트 시작 직전 웅성대는 군중 속에서 5분간 짧은 대화를 나누면 된다. 따로 약속을 잡았다면 이 만남을 위해 1시간은 소비했을 터다. 혹여 흥미를 돋우는 대화였다면 또 시간을 내어 다시 만나자.

전화하지 마세요. 전화는 저희가 합니다

위의 모든 방법이 통하지 않더라도 그저 굉장히 바쁘다고 둘러내면 그만이다. 상담하고자 하는 내용을 이메일로 알려달라고 요청하라. 이렇게 하면 상대가 얼마나 진지한지도 알아낼 수 있다. 영 두루뭉술한 소리만 늘어놓는 쪽에는 굳이 반응할 필요 없다. 구미가 당기는 이야기라면 미팅 날짜를 제안하는 답장을 보내자.

'그럽시다'라 답해야 할 때

커피 한잔이 좋은 선택일 때도 있다. 단, 내가 가고자 하는 여정에 어울리는 만남이라는 전제조건에 부합해야 한다. 예를 들어 주기적으로 만나 함께 일하는 동료라거나, 언젠가 꼭 같이 일해보고 싶은 사람인 경우다. 이렇게 자문해보자. 달력에 이 만남을 기록하고 그 아래 나만의 해시태그를 붙인다면 잘 어울리겠는가? '그렇다'라 답할 수 있다면 약속을 잡아도 좋다! 해시태그와 어울리지 않는다면 대안을 제시하자.

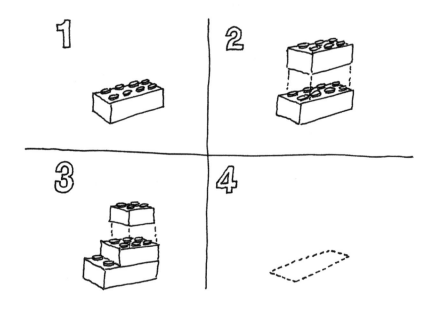

그래봤자 일일 뿐이다

벌써 이 책의 2/3 지점에 도달했으니, 지금쯤 책 주제가 무엇이었는지 깜빡했는지도 모르겠다. 우리는 창의적인 사람들이다. 즉, 무언가 만들어내고 무언가에 대해 생각하는 걸 즐긴다는 뜻이다. 그 대상이 그림이든, 이야기든, 사진이든, 가구든, 본질은 같다. 우리는 일을 사랑한다. 그러나 이 또한 결국 일일 뿐이라는 것을 잊지 말자. 제아무리 좋아하는 일을 한다 해도, 본디 너무 심각하게 여겨선 안 되는 게 일이기도 하다.

일이요?
일이란 결국 진지한 놀이일 뿐이죠.
—솔 배스

물론 진지한 태도로 임해야 한다. 하지만 즐기는 것을 잊어서는 곤란하다. 시간에 쪼들리거나 스트레스를 잔뜩 받은 상태에서 즐겁게 일하긴 불가능하다. 일은 끝없이 쏟아지기 마련이다. 고객은 늘 독촉 전화를 걸어 왜 이렇게 오래 걸리냐며 불만을 쏟아내기 일쑤다. 그러다 보면 자신의 창의성을 의심하는 순간이 찾아오고, 끝을 볼 때까지는 쉼 없이 일만 해야 할 듯한 기분에 빠져든다. 그러고는 이 책에서 극구 말리는 행동만 골라서 해대기 시작한다.

그럴 때는 '이 또한 일일 뿐이다'라고 되뇌어보자. 마감 기한을 맞추지 못한다고 세상이 멸망하진 않는다. 완벽하지 않다고 해서 누가 죽는 것도 아니다(나만 해도 이 책의 마감 기한을 두 번이나 어겼다. 그래도 이렇게 무사히 출간되어 여러분이 읽어주고 있지 않은가).

일이 좀 설핏되면 어떤가. 그저 현실로 받아들이면 그만이며. 주어진 환경과 정해진 시간 안에서 실현 가능한 선택지를 고르도록 하자. 때론 제3

의 해결책을 찾아내 결단을 내릴 수도 있다. 덜 중요한 문제는 되는대로 흘러가도록 내버려 두자. 무리하다간 오히려 되는 일이 없는 법이니 그편이 훨씬 낫다. 안 그랬다간 이것저것 조금씩 건드려놓기만 하고 제대로 마무리 지은 일은 하나도 없게 된다. 이게 바로 스트레스의 원인이다.

오늘 전부 해치울 필요는 없다

급히 전화를 걸어 실은 어제까지 필요했던 일이라며 당장 해결해달라는 고객도 있다. '지금 하고 계신 일은 잠깐 미뤄두고 이것부터 처리해주시면 안 될까요?'라는 식이다. 그런데 작업을 마친 파일을 보내주었건만 도대체 연락이 없지 뭔가.

3개월 후, 그 고객이 또다시 전화를 걸어 '보내주신 디자인에 몇 가지 수정 사항이 있습니다.'라며 말문을 연다. 그러니까, 애초에 기한은 3개월 후였다는 뜻이다. 그걸 최대한 빨리 끝내느라 그토록 큰 압박감에 시달렸다니. 매력적인 이성과의 술자리도 물리치고 일에 매달렸건만… 이런 사태를 피하려면 고객이 처음 전화를 걸어온 순간 대화를 주도해야 한다. 고객에게 작업을 마칠 수 있는 현실적인 기한을 제시해보자. 그 날짜에 동의하는 고객이 대부분이라는 사실을 깨닫게 될 것이다.

금요일 오후에 의뢰를 해오는 고객도 조심하자. 고작 주말 내내 마음 편해지자고 금요일에 연락을 해왔을 테니. 한창 TV 앞에서 축구에 집중하는 동시에 디자인 시안을 들여다볼 고객이 몇이나 되겠는가? 주말에 꼭 필요한 건지 되물어보자. 월요일 아침까지 보내도 충분한 경우가 대부분이다.

전체를 조망하라

편안한 마음가짐으로 융통성 있게 하자. 곧 고객도 그와 비슷한 태도를 보일 것이다. 창조적 업무는 도중에 자꾸만 변동사항이 생길 수밖에 없다. 여러 사람과 협업을 진행하는 경우라면 더욱 그렇다. 따라서 항상 프로젝트

전체를 보기

↓

프로젝트

세부사항

의 전체적인 윤곽을 염두에 두어야 정말 중요한 부분이 무엇인지 놓치지 않는다. 세세한 것에 너무 집착하기 시작하면 전체를 볼 수 없기에 사소한 것에 신경이 곤두선다.

진지하되, 지나치게 심각할 필요는 없다. 일과 삶의 균형을 추구하자. 지금 당장 해결할 수 없는 일이라면 현실로 받아들이자. 일단은 내버려 두는 거다. 내일은 내일의 태양이 뜨는 법이니까. 어떤 프로젝트든 언제나 그 과정을 즐길 수 있어야 한다.

나는 매일 아침 오늘은 무언가 새로운 것을 배우게 될지도 모른다는 기대를 안고 일터로 향한다. …문제를 마주할 때면 '이를 통해 나는 무엇을 배울 수 있을까?' 생각해야 한다. 배울 게 전혀 없는 사안이라면 더는 신경 쓸 필요 없다.

—밀턴 글레이저

끊임없이 배워라: 실패는 배움에 내재한 특징이다

매일매일 익숙한 일만 하다 보면 언젠간 지루해진다. 그저 매일 반복되는 일과로 일을 받아들이고 있다면 당신은 이 책의 지향점과는 정반대로 치닫고 있는 거다. 자신을 거듭 발전시키는 방향에서 일을 대하면 하루하루는 즐거움의 연속이다. 그러면 항상 새로운 시선으로 일을 바라보게 된다.

실수를 저질러야만 배우는 것도 생긴다. 실수는 자신의 한계를 시험하는 도중 발생하니까. 한계를 파악한다는 것은 어느 정도면 간신히 해낼 수 있고 어느 선을 넘으면 너무 버거운지 인지한다는 뜻이다. 실수했을 때에는 왜 그랬는지, 어떻게 하면 개선할 수 있을지 고민해보자. 그러기 위해선 시간을 다소 투자해야 하겠지만, 자신을 발전시키고 더욱 효율적으로 일하기 위해 꼭 필요한 과정으로 받아들이자.

완전함은 과대평가 받아왔다. 완벽한 건 재미없다. 유약함과 약점 같은 인간의 특성, 그 불완전한 것들 덕분에 우리는 생생하고 아름다우며 꼭 필요한 존재일 수 있다.

—가이 해리슨

완벽한 건 재미없다

완벽한 건 미치도록 재미없다는 걸 잊지 말자. 우리는 다름 아닌 결함에서 흥미를 느낀다. 불완전한 것이 흥미로운 것이다. 최고의 모델은 미인의 조건을 모두 갖추었을지 몰라도, 바로 그 때문에 어딘가 지루해 보이기도 한다. 때로는 문제가 '전혀' 없다는 것이 곧 문제일 수도 있다.

　나는 아내와 중국을 여행하던 도중, 안락한 고속 열차를 타고 다른 도시로 향하려던 계획을 수정해 일반 열차에 올랐다. 일반 열차를 타면 목적지까지 몇 시간이나 더 걸리는 데다 좌석도 매우 불편하다. 그러나 우리는 안 닉남늘 의생반 닉에 생일 나싱힌 싱힘을 누릴 수 있있니. 찬찬이 이동되는 일반 열차를 타면 고속 열차에서는 배울 수 없을 것들, 볼 수 없을 풍경을 마주하게 된다. 기차에서 내릴 때쯤에는 완전히 진이 빠져 버리겠지만, 이 야깃거리를 열 개는 더 안고 떠날 수 있다.

품질 vs 기한 엄수

무엇이 더 중요할까? 기한 엄수일까, 아니면 고품질의 결과물일까? 당연히 둘 다 중요하다. 하지만 하나를 포기해야 하는 순간이 오기 마련이다. 원하는 수준의 품질을 구현하기엔 시간이 너무 부족한 때도 있다. 안타깝지만 어쩔 수 없다. 최선을 다하진 못해도 여전히 수용 가능한 수준으로 납품할 수밖에. 마감 기한을 연장하는 방법도 있지만 고객을 기다리게 만든다는 단점이 있다. 선택은 자신의 몫이다.

시간이 조금만 더 있었더라면…

어떤 경우에는 품질을 높이기보다는 기한을 맞추는 데 더욱 신경 써야 한다. 기한을 거듭 미루면 일이 자꾸만 늘어지고, 그러다 보면 능률이 현저히 떨어지거나 작업이 옆길로 새버리는 사태도 벌어진다. 결국엔 모두가 다음 단계에 돌입한 후에도 다 끝난 문제를 가지고 완벽을 추구하느라 혼자만 뒤처지는 경우가 허다하다.

'시간이 조금만 더 있었더라면 결과가 더 괜찮았을 텐데…'라는 아쉬움을 뒤로하고 파일을 넘겨야 할 때도 있다. 시간이 부족한 걸 어쩌겠는가. 주어진 시간과 원하는 품질을 현실적으로 생각해보자. 시간과 품질 사이에서 균형을 잡아야 한다. 시간이 별로 없다면 품질을 조금 낮춰서 일이 복잡해지지 않도록 조정하자. 매우 독창적이지만 방대한 시간을 투자해야 하는 아이디어가 떠오를지 모르나, 기한을 맞추기 어렵다면 포기하자. 독창성은 떨어져도 시간 안에 완성할 수 있는 대안을 택하는 편이 백번 낫다. 아무리 훌륭한 작품을 만들어보았자 납품할 수 없다면 무용지물이니.

더불어, 해결 방안이 간단하다 해서 반드시 품질이나 혁신성이 떨어진다

품질 vs. 기한 엄수

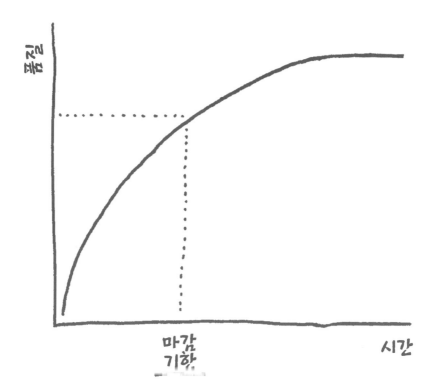

는 뜻은 아니다. 시간에 쫓기다 보니 간단한 해결 방안을 마련해야만 했고, 바로 그 덕에 놀랄 만큼 참신한 결과물이 탄생하기도 한다. 시간을 많이 들일수록 결과물이 좋아진다는 법은 없다.

일은 그저 일일 뿐이다

좋은 아이디어지만 고객의 성에 차지 않는 경우도 많다. 절로 고개를 끄덕이게 만드는 멋진 프레젠테이션을 선보였는데도 고객의 마음을 사지 못할 수 있다. 그러다 보니 훌륭한 아이디어들이 작업실 한구석이나 노트북 속에 처박히곤 한다.

이런 상황을 극복하는 방법은 두 가지다. 하나는 아주 매력적인 프레젠테이션을 준비하고 고객이 반대하면 논쟁을 벌이는 방법이다. 그러다간 프로젝트에서 잘릴지도 모른다. 이런 경우 힘만 잔뜩 뺐을 뿐, 양쪽 다 얻은 게 전혀 없다. 또 한 가지 방법은 한 번만 더 설득해보고 그래도 먹히지 않으면 예술가의 영혼은 잠시 접어두고 고객이 원하는 바를 신속히 구현해주는 것이다. 물론 비용은 두둑이 청구한다. 그런 후에 남은 에너지와 시간은 진짜 마음에 드는 프로젝트에 쏟아붓는다. 십중팔구 나는 두 번째 선택지를 고를 것이다.

돈만 받으면 그만이다

디자인을 공부하던 때, 어느 선생님이 이런 이야기를 들려주셨다. 한때 그는 에이전시 두 개를 운영했다고 한다. 첫 번째 에이전시는 오랫동안 꿈꿔온 곳으로, 그곳에서는 개인적으로 관심이 가는 프로젝트만 수임했다. 또 다른 에이전시의 이름은 NLZV였다. 네덜란드 격언 '닥치고 돈이나 벌자'의 약자다. 선생님은 돈 되는 프로젝트라면 물불 안 가리고 NLZV사의 명의로 해치웠다. 그렇게 '닥치고' 돈을 벌어들이다가 훗날 첫 번째 에이전시가 수임료 높은 프로젝트를 충분히 끌어들일 수 있게 되자 NLZV사의 문을 닫아버렸다. 그건 그렇고, NLZV의 뜻을 물어본 사람이 단 한 명도 없었다고 한다.

매번 디자인 서적에 실리거나 박물관에 전시할 만큼 훌륭한 작품을 빚어낼 필요는 없다. 그저 생활비를 벌기 위해 일을 맡을 때도 있는 거다. 전혀 이상한 게 아니다. '먹고 튀자!'

프로젝트 :
사족을 쳐내라

지금까지 자신이 원하는 바를 확실히 파악하고 그것을 성취하는 방법을 알아보았다. 이 책의 나머지 부분에서는 사족을 최대한 쳐내어 프로젝트의 효율을 높이는 방법을 다루려고 한다. 이것은 프로젝트에 날개를 달아줄 비법이기도 하다.

우선, 어떤 프로젝트를 진행할 것이며 어떤 프로젝트를 포기할 것인지 정해야 한다.

To Do, To Don't 체크리스트

지난날 창의적인 사람들은 주로 의뢰받은 수공예품을 만들어주고 그 대가로 근근이 먹고살았지만 요즘은 점차 기업가에 가까워지고 있다. 의뢰를 기다리는 대신 스스로 나서 자신만의 프로젝트를 진행한다. 이런 프로젝트로 수입을 창출하는 것을 물론이고, 완성된 작품을 홍보해 고객을 끌어들이는 효과도 기대할 수 있다.

하지만 창의적인 사람이 모두 기업가적 기질을 타고나는 것은 아니다. 그러니 일을 벌이기에 앞서 자신의 소양과 하고자 하는 바를 명확히 인식할 필요가 있다. 자칫하면 원치도 않는 일에 시간만 허비하기 쉽다. 혹은 한꺼번에 너무 많은 일에 휩쓸리다가 한 가지 일도 끝마치지 못하는 사태가 벌어질지 모른다.

다음 질문들에 답해보면 프로젝트 진행 여부를 결정할 수 있다. '아니요'라 답한 질문이 하나라도 있었는가? 그렇다면 그 프로젝트를 To Don't 리스트로 옮기도록 하자. 괜찮은 아이디어라도 어쩔 수 없다. 스스로 고안한 프로젝트뿐만 아니라 참여를 제안받은 경우에도 마찬가지다.

1. 확신이 서는가?

언제나 가장 중요한 것은 확신이 서는 프로젝트냐다. 이는 다시 2가지 질문으로 나뉜다. 첫째, 성공할 가능성이 있는 프로젝트인가? 둘째, 열정을 불태울 수 있는 프로젝트인가? 만약 돈벌이도 시원치 않고 누구의 주목도 받지 못할 거라면? 그래도 달려들겠는가? 오래 고민할 필요 없이 직감에 의존해 곧바로 대답해보라. 대답이 '예'일 때에는 프로젝트를 진행하라. '아니요'라면 손도 대지 말고 To Don't 리스트로 보내자.

→ 예 : 프로젝트를 진행한다. / 아니요 : To Don't 리스트로 옮긴다.

2. 해시태그와 어울리는 프로젝트인가?

책의 앞부분에서 나만의 해시태그를 정하는 방법을 다루었다. 해시태그란 마치 '상표'와 같아서, 내가 벌이는 모든 활동과 맞아떨어져야 한다. 프로젝트의 제목을 적은 후 당신의 해시태그를 그 뒤에 써보라(51쪽 '#해시태그를 정해보자' 참고). 두 가지가 함께 어울리는가? 그렇다면 계속해도 좋다.

→ 예 : 프로젝트를 진행한다. / 아니요 : To Don't 리스트로 옮긴다.

3. 내게도 필요한(나도 이용하고 싶은) 상품인가?

확신이 드는 프로젝트일 경우 나 자신이 이용하고 싶은 상품인지 자문해보라. 만들고자 하는 것의 종류에 따라 활용법도 다양할 것이다. 당신 스스로 그것을 읽거나, 보거나, 만지거나, 듣고 싶다는 생각이 드는가? 만약 '아니요'라 답했다면, 다른 사람이 그것을 원할 것으로 생각한 이유는 무엇인가?

한번은 멋진 독신 여성이 창의적인 일에 종사하는 사람들만의 데이트 사이트를 함께 만들어보자는 제안을 해온 적이 있다. 나는 그녀에게 '데이트 사이트를 이용하시던 도중 떠오른 아이디어인가요?'라고 되물었다. 그러자 그 여성은 기분이 상한 어조로 '난 데이트 사이트 같은 데에서 연인을 찾고 싶진 않아요!'라 답했다. 그렇다면 그녀의 데이트 사이트는 성공할 가능성이 얼마나 있을까? 나는 희박하다고 확신한다. 무언가의 '틈새'를 메우는 일에서 성공을 거두고자 한다면 적어도 결핍(틈새)의 존재만큼은 확신이 서야 할 것 아니겠는가? 그 문제를 겪어본 경험이 있어야 적합한 해결방안도 떠올릴 수 있기 마련이다.

당연히 나도 누군가 내 책을 읽는다는 사실이 정말 기쁘며 독자들이 이 책을 좋아해 주기 바란다. 하지만 그뿐만은 아니다. 이 책은 나 자신을 위해서 쓴 것이기도 했다. 이런 책이 있었으면 하고 바라왔기 때문이다. 그간 창의력과 생산성에 대한 수많은 책과 블로그 포스팅을 살펴봤으나, 넘쳐나는 아이디어에 비해 그것들을 실현할 시간이 턱없이 부족하다는 문제를 해결해준 글은 찾아볼 수 없었다. 나는 디자인 덕에 걱정 없이 먹고사는 중이지만, 그렇다고 유명 광고사에서 모셔갈 만한 거물급은 아니다. 그래서 매일 스튜디오로 출근해 작업에 매달려야 한다. 내가 아는 한 창작 업무에 종사하는 프리랜서들은 모두가 그렇게 살아간다. 나는 내가 부딪히는 현실에 관해 책을 쓰고 싶고 또 그 현실을 반영한 글을 읽고 싶다. 그러므로 대답은 '예'다. 나라면 이 책을 읽을 것이다!

→ 예 : 프로젝트를 진행한다. / 아니요 : To Don't 리스트로 옮긴다.

4. 프로젝트에 전념할 시간적 여유가 있는가?

시간적인 여유가 없다면 프로젝트를 시작해선 안 된다. 리스트에 올려놓고는 매일 생각만 할 뿐 끝내 실행에 옮기지 못하고 말 것이기 때문이다. 결국엔 손도 못 댄 채 당신은 좌절과 불만족에 휩싸이고 말 터다. 아주 조금은 시간을 투자할 여력이 있다고? 그렇다면 이 프로젝트를 진정으로 원하는지 자문해보아야 한다. 그런 경우, 기한을 훨씬 넘겨 프로젝트를 끌고 가다가 추진력을 잃어버리기 쉽기 때문이다.

프로젝트에 매진할 수 있는 시간이 확보되어 있는가? 혹은, 이것 대신 다른 프로젝트를 To Don't 리스트로 옮겨서 시간을 확보할 의지가 있는가?

→ 예 : 프로젝트를 진행한다. / 아니요 : To Don't 리스트로 옮긴다.

5. 혼자 힘으로 실현 가능한 프로젝트인가?

혼자서 모든 것을 진행할 수 있겠는가? 그렇다면 프로젝트에 돌입해도 좋다. 그럴 수 없다면 주변에서 필요한 능력을 갖춘 사람을 찾아보자. 나만큼이나 큰 열정을 품고 프로젝트에 헌신할 수 있는 사람들이어야 한다(93쪽 '협업' 참고). 모자라는 지식과 재능을 채워줄 사람을 채용할 자금은 있는가? '아니요'라면 프로젝트 일부를 수정하여 혼자 힘으로 프로젝트를 완성할 수 있는가?

→ 예 : 프로젝트를 진행한다. / 아니요 : To Don't 리스트로 옮긴다.

To Do, 혹은 To Don't 리스트를 위한 체크리스트

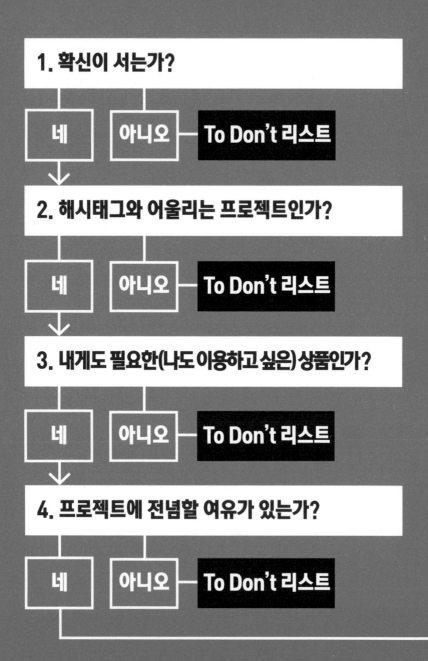

1. 확신이 서는가?

네 　　아니오 ─ To Don't 리스트

2. 해시태그와 어울리는 프로젝트인가?

네 　　아니오 ─ To Don't 리스트

3. 내게도 필요한(나도 이용하고 싶은) 상품인가?

네 　　아니오 ─ To Don't 리스트

4. 프로젝트에 전념할 여유가 있는가?

네 　　아니오 ─ To Don't 리스트

5. 혼자 힘으로 실현 가능한 프로젝트인가?

네

아니오 ── To Don't 리스트

6. 해당 시장이 존재하는가?

네

아니오 ── To Don't 리스트

7. 흥미로운 프로젝트인가?

네

아니오 ── To Don't 리스트

Do 리스트

6. 해당 시장이 존재하는가(예상 고객은 어떤 이들인가)?

까다로운 질문이다. 세상 누구도 원하지 않을지 모르지만 나 자신에게 유용한 것 또한 값진 프로젝트일 수 있다. 그러나 창의적 활동의 궁극적인 목적은 다른 사람들에게 보여주기(읽고 듣고 사용하도록 하기) 위함이다. 그러므로 이 질문에 제대로 답하기 위해서는 나뿐만 아니라 다른 사람에게도 이익을 줄 수 있는 프로젝트인지 따져보아야 한다. 그런 다음, 당신의 기획이나 창작품을 사람들이 진정 반겨줄 것인지 곰곰이 생각해보자.

→ 예 : 프로젝트를 진행한다. / 아니요 : To Don't 리스트로 옮긴다.

7. 흥미로운 프로젝트인가?

어쩌면 이 마지막 질문이 첫 번째 질문보다도 더 중요할지 모르겠다. 즐길 수 있는 프로젝트인가? 일에 대한 열정이 넘친다 해도, 해시태그와 그야말로 절묘하게 어우러지는 프로젝트라 해도, 개인적으로도 꼭 필요하다거나 시장의 강력한 요구를 등에 업은 프로젝트라 할지라도, 프로젝트에서 재미를 느끼지 못한다면 전부 무용지물이다. 즐겁지 않은 일에 뛰어들었다간 머지않아 일에 묶인 노예로 전락하기 때문이다. 그랬다간 곧 어마어마한 에너지와 시간을 빼앗기게 될 것이다. 언제나 일 속에서 기쁨과 만족을 느낄 수 있어야 한다는 걸 명심하자.

→ 예 : 프로젝트를 진행한다. / 아니요 : To Don't 리스트로 옮긴다.

정말 하고 싶은 일이 있다면 절대 포기하지 마세요. 사랑과 영감을 따른다면 길을 잃을 리 없으니.

– 엘라 피츠제럴드

갈 거냐/말 거냐

돌아올 수 없는 강

To Do 리스트, 혹은 To Don't 리스트에 오를 조건을 완벽히 갖춘 프로젝트인데도 여전히 확신이 서지 않는 때가 있다. 이럴 때는 하루빨리 결단을 내려야 한다. 돌아올 수 없는 강을 건넌 후에는 너무 늦어버리기 때문이다. 프로젝트를 중단할지 여부를 결정하느라 너무 많은 시간과 에너지, 혹은 돈까지 허비하고 난 후에는 선택의 여지가 사라진다. 종국엔 성공을 거두기를 바라며 끝까지 밀고 나갈 수밖에.

중단하기에 너무 늦어버린 경우 등 떠밀리듯 일을 하게 된다. 게다가, 무엇이든 의무가 되고 나면 기대했던 재미는 사라지고 대신 스트레스가 그 자리를 차지한다. 그러므로 아이디어 개발 단계부터 갈 거냐/말 거냐를 결정하는 점검 시점을 곳곳에 포석해놓을 필요가 있다. 점검 시점이란 거울 속의 자신, 혹은 파트너와 눈을 마주 보며 '지금 그만둬도 괜찮을 거야'라 털어놓을 수 있는 단계를 뜻한다.

공유를 통해 프로젝트를 테스트하라

프로젝트의 시작 단계가 갈 거냐/말 거냐를 결정하는 첫 번째 시점이 될 수 있다. 아이디어의 전체적인 윤곽이나 개요를 간단히 작성해서 여기저기 들이밀어 보자. 사람들이 그 간단한 구상만 보고도 아이디어의 참신함을 간파하고 감탄해 마지않는다면 계획을 밀고 나가도 괜찮겠다는 신호가 감지된 것이다.

아이디어는 공유된 지식이다

– 폴 아덴

의심 많은 사람들은 아이디어를 빼앗길까 두려워 다른 이에게 보여주지 못한다. 빼앗기면 또 어떤가? 어차피 100% 자신의 머릿속에서 나온 아이디어라는 것은 없다. 결국 모든 아이디어는 다른 아이디어에서 파생한 것이기 때문이다. 그럼에도 내가 내 아이디어의 어머니이자 아버지라는 사실만은 분명하다. 즉, 아이디어에 나의 DNA가 담겨 있다는 뜻이다. 누군가 아이디어를 훔칠 수 있을지는 몰라도, 그 안에 담긴 DNA까지 훔치기란 불가능하다.

이렇게 생각하면 쉽다. 내가 아이디어를 만지작거리고 있는 동안 누군가 그 아이디어를 훔쳐서 성공을 거두었다 치자. 이 경우 나의 아이디어는 괜찮았는지는 모르지만 그걸 제대로 구현하기에는 나의 기술이 (아직) 미흡했음이 분명하다. 게다가 여기저기에서 비슷한 아이디어가 동시에 쏟아져 나오는 경우도 허다하다. 아이디어는 마치 바람을 타고 이리저리 떠도는 듯한 성질을 지닌다.

아이디어를 꼭꼭 숨겨두면 안 되는 가장 중요한 이유는 이것이다. 숨겨만 둔다면 다른 이들의 도움을 받을 수도 없지 않겠는가? 내가 무슨 일을 하고 있는지 알려야 주위에서 내게 도움이 될 만한 사람들을 소개해줄 수 있다. 아이디어를 도둑맞을 확률보다 프로젝트에 대한 날카로운 분석이나 유용한 조언을 얻을 가능성이 몇 배는 더 크다.

조언을 건네고 작품을 평가해주는 지인은 아주 귀중한 존재다. 그들의 의견이 마음에 들지 않는 경우도 있으나, 결국 아이디어 발전에 이바지하므로 나쁠 게 하나 없다. 또, 그들의 초기 의견을 살피면 프로젝트를 세상에 내놓았을 때 반응이 어떨지 미리 엿볼 수 있다. 이 책도 역시 수많은 이들의 조언과 도움의 손길을 거쳐 탄생했다. 너무도 자연스러운 일이다.

빠른 시일 내에 평가를 받아내고 싶다고? 그렇다면 소셜미디어가 제격이다. 초안이나 짧은 문구를 작성하여 가장 적합한 소셜미디어에 올려보자. 사람들에게 아이디어를 이해할 수 있겠냐고 묻고 아이디어에 대한 의

견을 수집하는 것이다. 손쉽게 유용한 피드백을 얻어내기에 적합한 방법이다. 만약 누구도 반응하지 않는다면 그 또한 당신이 서 있는 곳의 현주소를 알리는 신호다.

포기해도 괜찮다

영화 〈몬티 파이튼의 성배〉에 등장하는 유명한 장면이 있다. 두 기사가 치고받고 싸우는 장면인데, 그중 한 기사가 상대방의 팔을 베어내며 이렇게 말한다.

"자, 이제 물러서라. 넌 훌륭한 적수였다."

—"살짝 긁혔을 뿐이다."

"긁혔다고? 팔이 떨어져 나가지 않았나!"

—"그렇지 않다."

"그렇지 않다면 대체 뭐란 말이냐?"

—"난 더 심한 상처도 견뎌냈다."

"거짓말!"

—"어서 덤벼라, 이 애송아!"

한쪽 팔만 남은 기사는 계속해서 싸웠다. 결국 그의 오른쪽 팔마저 잘려나 갔다. 그러나 기사는 항복하는 대신 발차기를 시도했다. 그러다 두 발마저 잘리고 만 그는 몸통과 머리만 남은 채로 땅바닥에 나동그라졌다. 그러고 도 그는 고래고래 소리를 질러댔다.

"돌아와라! 네놈 다리를 물어 뜯어줄 테다!"

첫 고비에서 포기하지 않는 것은 정말 좋은 자세다. 그러나 도전하는 일마 다 죄다 끝을 봐야 한다는 법은 없다. 때로는 포기하는 것도 흉이 아니다. 누가 보아도 가망 없는 일을 계속 밀고 나가기보다는 당당하게 포기를 선 언하는 편이 훨씬 현명한 처사다. 또, 뭔가를 놓아버리면 무척 후련한 기분 을 누릴 수 있다. 이렇게 무언가 포기해본 경험은 향후 다른 프로젝트를 진 행할 때 자산이 되어줄 것이다.

이쯤 되면 아이디어고, 프로젝트고 죄다 To Don't 리스트로 보내버리는 게 이 책의 목적이냐고 물어올지 모르겠다. 실은 그 말이 맞다! 아이디어를 철저히 점검하면 실현 불가능한 프로젝트에 발을 들여놓을 일이 없어진다. 그렇게 되면 진정 쓸 만한 아이디어만 남게 되므로, 그 아이디어에 온 시간 을 쏟아부을 수 있다.

시각화는 명확한 이해를 돕는다

프로젝트 시작도 하지 않은 채 회의만 거듭하는 경우가 많다. 창의적인 업무에 종사하는 사람들은 특히 그런 경향이 잦다. 그러다 보면 각자 같은 말만 되풀이하면서 시간을 낭비하기 일쑤다. '네모 하나' 그리는 것을 놓고 며칠씩 논쟁을 벌이지만 말만 많을 뿐 명확한 결과물이 나오는 것도 아니다. 자신에게도, 팀원이나 고객에게도 이로울 게 없다. 프로젝트 초기 단계부터 아이디어를 시각화해야 하는 이유다! 그래야만 뭔가 구체적인 실물을 놓고 논의를 진행할 수 있으니.

입 꾹 닫고 스케치나 하자!

첨단 랜더링 툴이나 포토샵으로 화려하게 꾸며야만 시각화가 가능한 것이 아니다. 그런 것이 필요한 순간은 따로 있다. 일단은 간단한 스케치면 충분하다. 그 네모가 정육면체인지, 단면 정사각형인지, 아니면 또 다른 모습의 사각형인지 단순한 선 몇 개로 그려내면 팀원 모두가 한눈에 알아볼 것이다.

　스케치는 컴퓨터가 아니라 손으로 하는 것이다. 손으로 그리는 게 가장 빠르기도 하다. 믿을 수 없다고? 그렇다면 직접 해보도록 하자. 시간을 재면서 시행해보라. 노트북을 가지고 와서 화면을 띄우고 드로잉 프로그램을 시작한다. 이제 드로잉 툴을 골라 네모 하나를 '스케치'한다. 시간이 얼마나 지났는가? 이번에는 같은 시간 안에 종이와 펜으로 네모를 몇 개나 그릴 수 있는지 시험해보자.

　아이디어는 떠오를 때마다 전부 시각화해야 한다. 머릿속에만 담아두면 그저 파편으로만 남지만 스케치를 해놓으면 가능성을 한눈에 파악할 수 있다. 그 과정에서 새로운 아이디어가 떠오르기도 한다. 반면에 아직 희미한 아이디어를 컴퓨터를 사용해 구체화해 버리면 또 다른 아이디어가 떠오를 여지가 없다. 스케치는 여러 각도에서 아이디어를 들여다볼 수 있게 해주며, 동시에 갈 건지/말 건지를 신속히 결정지을 단서를 제공해 주기도 한다.

→ 1분 동안 컴퓨터로 진행한 스케치.
  단조롭다.

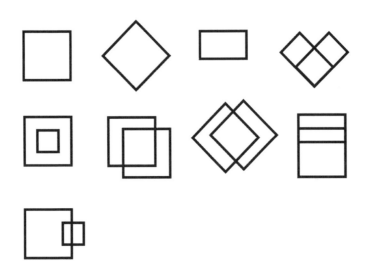

아이디어가 딱 하나뿐이라는 것은 매우 위험한 상황이다.

– 에밀 샤르티에

"스케치를 못 하겠는데요"—"아니, 할 수 있다!"

종이 한 장(공책, A4용지, 편지 뒷면, 냅킨, 맥주잔 받침, 정 없으면 당장 눈 앞에 보이는 테이블이라도)을 구할 수 있는가? 그림 그릴 도구(펜, 연필, 립스틱, 문질러서 그릴 수 있는 것은 무엇이든 좋다)를 마련할 수 있는가? 손에 쥘 수 있겠는가? 필요하다면 입이나 발로 잡아도 좋다.

할 수 있다고? 세 가지 질문에 모두 '할 수 있다'고 답했는가? 그렇다면 스케치를 할 수 있다는 뜻이다. 연필을 잡아 종이 위에 선을 긋는 정도는 누구나(몇몇 동물들조차) 할 수 있다. 남들보다 더 수월히 그림을 그리는 사람이 있는 것은 사실이다. 그러나 종이 위에 무언가 적는 것은 누구든 할

수 있는 일이다.

아티스트들이 근사한 스케치북에 멋들어지게 그려놓은 작품처럼 스케치해야 한다는 생각은 떨쳐버려라. 아름다운 스케치북은 오히려 당신을 위축시키는 역효과가 있다. 그 안에 그려 넣는 그림도 스케치북만큼이나 완벽해야 한다는 생각에 사로잡히기 때문이다. 그야말로 쓸데없는 짓이다. 스케치의 소임은 머릿속 아이디어의 윤곽을 대강 드러내는 것뿐이다. 그러니 전문가용 펜이나 멋진 스케치북을 살 필요도 없다. 그저 큼지막한 아무 종이 위에 연필이나 두꺼운 마커 펜으로 그리면 그만이다.

크기도 중요하다

마커 펜은 두꺼울수록 좋다. 얇디얇은 0.01밀리 펜을 택했다간 곧 섬세한 드로잉에 돌입하고 만다. 지금 단계엔 그런 그림이 전혀 필요치 않다. 두꺼운 마커로 그리면 쓸데없이 세세한 부분을 묘사하느라 시간을 낭비할 일이 없다. 전체적인 윤곽을 잡도록 하자. 후에 다듬을 시간은 얼마든지 있다.

일단 만든 다음 이야기합시다

보면 알아요!

아티스트 : "어떤 방향으로 작품을 만들면 좋을까요?"

의뢰인 : "모르겠는데요. 전문가시니 알아서 해주세요."

아티스트 : "그건 그렇지만, 대강이라도 어떤 것을 원하시는지 말씀해주시면 큰 도움이 됩니다."

의뢰인 : "글쎄요, 일단 결과물을 보면 알겠죠."

이런 식으로 프로젝트가 시작되는 경우는 매우 빈번하다. 자신이 무엇을 원하는지 모르는(아직 깨닫지 못한) 의뢰인을 상대해야 하는 것이다. 무언가를 보여주어야만 '네' 혹은 '아니오'로 대답할 뿐이다. 대략적인 윤곽을 보여주기 전까지는 자신이 원하는 바를(혹은 원하지 않는 바를) 알지 못한다. 더 심할 때는 완성된 작품을 보여주고 나서야 깨닫기도 한다. 그러기 위해 얼마나 많은 시간을 쏟아부어야 하는지도 모르면서.

따라서 고객이 원하는 방향을 깨달을 수 있도록 도와주는 작업이 매우 중요하다. 무언가 선택하게 하는 것도 좋은 방법이다. 예를 들어 워크숍을 열어 프로젝트의 방향을 함께 설정하는 식이다.

자기가 뭘 원하는지 전혀 갈피를 잡지 못하는 고객과 소통의 물꼬를 트는 방법을 소개한다. 종이에 정사각형과 원을 하나씩 그린다. 잘 그릴 필요 없다. 정사각형과 원이면 충분하다. 고객에게 둘 중 어떤 모양이 회사의 정체성에 더 잘 들어맞는지 묻는다. 그 이유도 묻는다. 이렇게 하면 고객은 결과물을 보지 않고도 작품의 방향이나 형태를 결정할 수 있다는 것을 어렴풋이 깨닫게 된다. 아주 간단한 요령이지만 소통의 문을 여는 데 활용할 수 있다. 그런 다음 고객에게 실제 프로젝트에 적합한 두 가지 콘셉트를 제시하며 둘 중 무엇이 더 마음에 드는지 의견을 들어보라. 제3의 대안도 논의해보라.

무드보드, 고마운 해결사

단순한 첫 스케치를 마쳤다면 다음은 무드보드Mood board를 만들 차례다. 옛날에는 끝없이 잡지를 뒤져가며 무드보드를 만들어야 했고, 후에는 인터넷 검색을 활용하게 되었다. 오늘날에는 핀터레스트Pinterest라는 사이트 덕분에 금세 무드보드를 만들 수 있다. 무드보드를 만들어 고객에게 보여주기도 하고, 고객과 함께 무드보드를 만드는 경우도 있다. 고객을 프로젝트에 참여시키는 좋은 방법인 동시에 프로젝트의 막바지 단계에서 고객이 결과물을 거절해버릴 가능성을 줄일 수도 있다.

무드보드는 보통 '어떤 모습으로 만들 것인가'를 반영하여 만든다. 그런데 놀랍게도, '어떤 모습이 되어서는 안 되는가'를 주제로 만들면 오히려 더 큰 효과를 낼 수 있다. 이렇게 두 가지 무드보드를 모두 마련하면 동전의 양면을 한눈에 보는 셈이다. 기획 참여자들이 동상이몽은 아닌지 확인할 수 있는 좋은 방법이다.

한결 더 구체적인 무드보드를 만들고 싶은가? 그렇다면 이렇게 해보자.

→ 핀터레스트에서 두 종류의 무드보드를 만든다.

→ 우선 '작품이 나아갈 방향' 무드보드를 살펴본다. 모아놓은 이미지들의 공통점은 무엇인가? 공통점 리스트를 작성하자.

→ '작품이 피해야 할 방향' 무드보드를 보며 같은 작업을 진행한다.

→ '작품이 나아갈 방향' 무드보드 중 '작품이 피해야 할 방향'으로 옮길 항목이 있는지 날카로운 눈으로 분석한다. 최대한 많은 항목을 옮긴다.

→ 마침내 작품의 본질이 드러날 것이다.

기업의 정체성을 드러내는 데에
사각형이 더 적합한가요?

이유는 뭔가요?

아니면 원 모양이 기업의 정체성을
더 잘 드러내 주나요?

왜죠?

나이테가 자라듯 일을 키워가라

나는 아직도 미술 대학에 다니던 시절 페트르 판 블록란트 선생님께 배운 디자인 과정에 따라 작업을 진행한다. 내가 오랜 시간 몸담아온 아카데미에서 제자들에게도 수시로 그 방법을 알려주곤 한다.

직선형 작업 과정

창의적 작업 과정을 직선형 과정이라 여기는 학생들이 너무나 많다(놀랍게도 프로 중에도 그런 경우가 허다하다). 직선형이란 '아이디어'라는 A 지점을 출발해 '결과물'이라는 B 지점으로 향하는 과정이다. 무언가 만들어내고 나면 모든 일이 끝나는 식이다.

이렇게 일방통행식으로 작업을 진행하다 보면 자연스레 시간표가 생겨난다. 첫째 주에 이만큼 한 다음 둘째 주에는 저만큼 해두고, 마지막 주에 끝장을 보는 식이다. 아주 간단명료한 데다 선생님이나 고객에게 작업 과정을 설명하기도 쉽다.

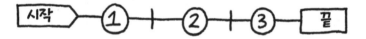

그러나 '이번 주에는 아이디어를 구상만 하고, 다음 주에는 아이디어 개발에 집중해야지.'라는 생각이 움트면 문제가 시작된다. 이런 생각은 계획에 고스란히 반영되기 마련이다. 그런데 현실은 계획대로 척척 맞아떨어지지 않는 게 보통이다.

아이디어를 짜내고 발전시키는 데에는 계획한 것보다 훨씬 더 많은 시간이 들지도 모른다. 내 경험에 따르면 대개 학생들은 아이디어 검토에 굉장히 오랜 시간을 소비하곤 한다.

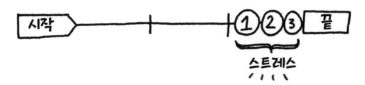

아이디어가 단단히 뿌리를 내릴 때쯤이면 그 아이디어를 구현할 시간이 너무나 부족하다는 것을 깨닫게 될 것이다. 게다가 유난히 구현하기 까다로운 아이디어를 만나거나 꼭 필요한 팀원이 사정상 한동안 작업을 중단해야 하는 경우도 있다. 이러저러한 이유 없이도 그저 시간이 턱없이 부족할지도 모른다. 어찌 됐건 심혈을 기울여 만든 시간표가 물거품이 되는 순간이다. 돌이킬 방법은 없다.

이때 모든 게 계획대로 흘러갔더라도 맨 마지막 단계가 끝나야만 결과물을 확인할 수 있다. 그전에는 작품이 정말 쓸 만한 것인지 알 길이 없다는 뜻이다. 결과가 좋다면 천만다행이다. 이미 돌아갈 수 없는 강을 건너왔기 때문이다. 그 시점에서는 무엇도 돌이킬 수 없으며 더는 남아있는 시간도 없다.

　직선형 작업 과정은 무척이나 단순하지만 동시에 극도로 불안정하다. 한번은 내 제자 중 하나가 단숨에 거대한 포스터 작업에 돌입한 적이 있었다. 손으로 그린 세밀화로 포스터를 채운다는 계획이었다. 괜찮은 아이디어인 듯했으나 그는 일주일 후에도 절반 정도밖에 완성하지 못했다. 결국 한 주나 늦게야 완성한 데다, 작품은 구상한 것과는 전혀 다른 모습이 돼버렸다. 즉각 드로잉에 뛰어든 순간 그는 돌아갈 수 없는 강을 건넌 것이었다. 그 설과 2주나는 시간을 일렀을 뿐 이니니 미른 작품을 민들 시간도 모두 시라지고 말았다.

나이테 식 작업 과정

작게 시작하라

그 학생은 어떤 방법을 택해야 했던 걸까? 비결은 바로 점차 커지는 원을 돌듯 작업을 진행하는 것이다. 이 과정은 나무가 자라는 것과 흡사하다. 나무는 땅에 수많은 뿌리를 내린 후에야 두꺼운 몸통을 만들어내고, 그다음에서야 가지를 뻗고 잎을 피우는 식으로 자라지 않는다. 나무는 아주 작은 형상에서 시작되며, 그 작은 존재는 이미 뿌리, 몸통, 가지, 잎까지 모두 갖추고 있다. 크기만 작을 뿐 이미 완전한 나무이며, 이 모습만 보아도 후에 어떤 나무로 자라날지 짐작할 수 있다.

아이디어에서 시작해 완성된 작품을 만들기까지는 3주가 걸릴 수도, 3개월 혹은 3일, 아니면 3년이 걸릴 수도 있다. 그런데 이 과정을 단 3분 만에 훑어낼 수도 있다. 몇 가지 시안을 스케치한 후 하나를 고른다. 그리고 나서 남아있는 짧은 시간 동안 최선을 다해 완성품을 만들어낸다. 이렇게 3분 동안 만든 결과물은 간결한 스케치, 혹은 작은 모형 따위일 것이다.

이 작업방식을 따를 때는 신속하고 개략적으로만 만들어야 한다. 그러다 보면 세부사항은 최대한 생략하게 되고 필수적인 핵심은 놓치지 않으려 애쓰게 된다. 그 덕분에 3분 만에 전 과정을 한눈에 파악할 수 있다. 최종 결과물을 엿보는 것은 물론이고, 완성품을 손에 넣는 도중 어떤 어려움에 부딪히게 될지도 체험할 수 있다. 이때 아이디어가 영 시원치 않거나 혹은 구현이 어렵다는 게 밝혀진대도 고작 3분을 허비했을 뿐이다. 여전히 시간이 충분히 남아있으니 처음부터 다시 시작해 다른 방향을 찾으면 된다.

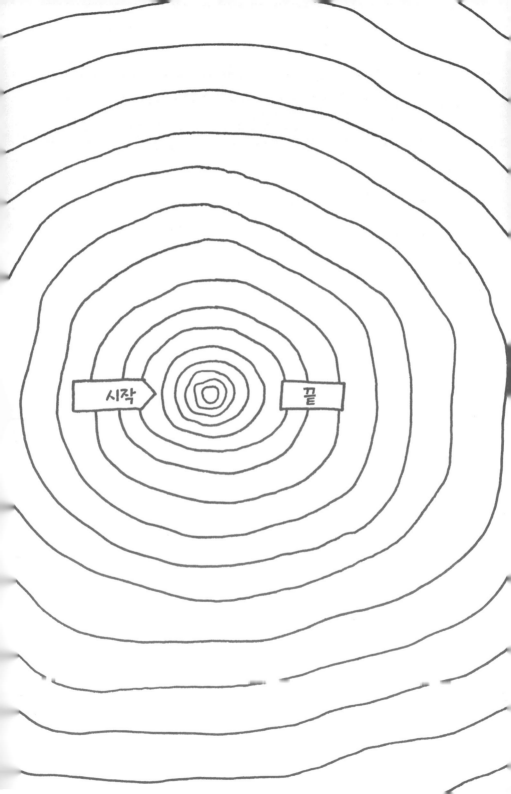

매번 소요시간을 달리 설정해 이 과정을 진행해도 좋다. 우선 짧은 시간 안에 과정을 마쳐본 후, 점차 주어진 시간을 늘려나가는 식으로 진행해보자. 3분간의 과정을 몇 번 반복하고 나면 개략적인 스케치를 여러 개 얻을 수 있다. 그다음에 3시간짜리 과정을 거듭하면 꽤 틀이 잡힌 스케치모델이 탄생한다. 그렇게 3일만 보내도 다수의 프로토타입(시안, 시제품)을 만들게 되며, 3주 후에는 최종 결과물을 손에 넣을 수 있다. 스트레스에 시달릴 일도 없다. 나이테가 자라는 방식으로 작업을 진행할 때 가장 큰 장점을 꼽자면, 첫 3분만 지나도 벌써 고객이나 선생님과 프로젝트에 대해 의논할 수 있게 된다는 점이다. 게다가 단 며칠만 지나면 프로토타입을 선보일 수 있다.

이렇게 점차 나이테의 크기를 키워나가다 보면 커진 나이테만큼이나 새로운 시도를 해볼 여유가 생긴다. 그러다 보면 쓸모 있는 아이디어와 그렇지 못한 아이디어를 가려낼 수도 있다. 한 바퀴 돌 때마다 획득한 경험은 다음 바퀴를 위한 교훈이 된다.

깔때기식 작업 기법

단 하나의 아이디어에만 매달릴 필요도 물론 없다. 깔때기 기법을 활용하면 다양한 아이디어를 마음껏 시도해보며 제일 좋은 아이디어를 찾아낼 수 있다. 떠오르는 아이디어를 모두 모아 그중에서 최고의 아이디어를 가려내는 것이다. 마치 깔때기로 불순물을 걸러내듯, 수많은 아이디어를 던져 넣으면 마지막엔 가장 훌륭한 아이디어만 남는다.

단 3분 만에 모든 아이디어를 걸러낼 수 있다면 이론상으로는 한 시간 동안 그 과정을 20번이나 수행할 수 있다는 뜻이다. 그러고 나면 정말 좋은 아이디어와 덜 좋은 아이디어를 모두 얻게 되는데, 동시에 늘어놓고 비교할 수 있으니 진정 쓸 만한 아이디어를 한눈에 알아볼 수 있게 된다. 때로는 상호보완적인 두 가지 아이디어를 결합할 수도 있다.

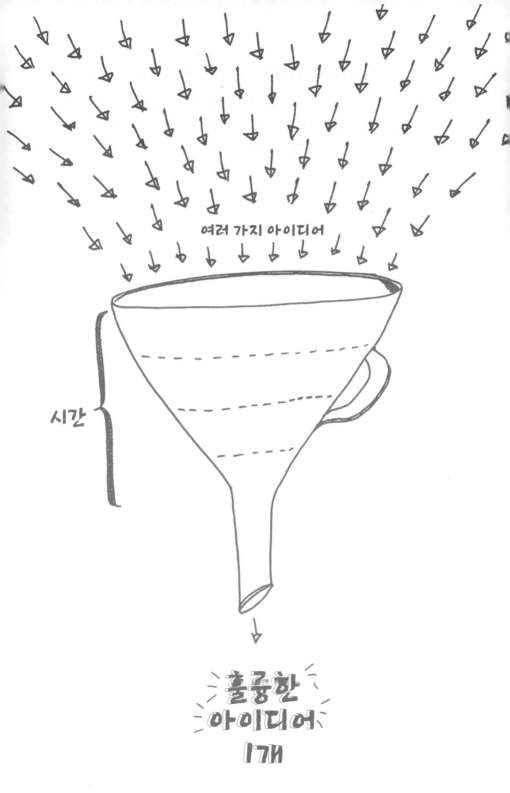

예를 들어, 괜찮은 아이디어 6개를 골라 다듬고자 한다고 치자. 이번에는 하나당 30분씩, 즉 3시간 정도 소요될 것이다. 이 과정을 마치면 각 결과물을 비교해 그중 어느 것에 공을 들여 가다듬을 건지 결정할 수 있다. 이런 식으로 걸러내고 또 걸러낸다. 매회 과정을 거듭할 때마다 조금씩 투입 시간을 늘려나가자. 각 아이디어는 서로서로 시너지를 일으킬 것이며, 어쩌면 여러 아이디어를 합쳐 하나의 콘셉트로 만들 수 있을지도 모른다. 그렇게 하여 마지막에는 단 하나의 훌륭한 아이디어만 남게 되는 것이다.

상투적인 것부터 시작하라

전 과정을 고작 몇 분 만에 처리하다 보면 자연스레 모든 것을 단순화하는 묘미를 느낄 수 있다. 그러다 보면 뻔해 보이는 것부터 시작하기 쉽다. 전혀 잘못된 것이 아니다. 회차가 진행될수록, 나이테가 커질수록 점차 당신만의 독창성이 더해질 테니.

독창적인 걸 만들려고 너무 애쓸 건 없다. 그저 잘하려고 노력하는 것만으로도 충분하다.

—폴 랜드

뻔히 보이는 것, 진부한 클리셰를 피하려 매번 고군분투하는 것은 너무나 소모적인 짓이다. 단번에 독창적이고 개성 넘치는 작품을 만들어내려다간 엄청난 부담감에 시달리게 된다. 클리셰건 뭐건 일단 머릿속에 떠오른 것은 그대로 스케치해두라. 그렇게 머릿속에서 끄집어내어 당분간 지켜보도록 하자. 그 클리셰가 뜻밖의 영감을 가져다줄지 모르니.

더하지 말고 빼라

파티를 주최해본 경험이 있다면 누굴 초대해야 할지 정하는 게 얼마나 어려운 일인지 잘 알 것이다. 괴짜 이모를 불러야 할 것 같긴 한데, 그러면 썰렁한 농담만 던져대는 짜증 나는 삼촌도 초대해야 한다. 게다가 삼촌을 불러놓고 미친 듯이 술을 들이붓는 고모부들을 초대하지 않는다면 서운해할 게 뻔하다.

이러다간 좋아하지 않는 사람들로 파티를 가득 채우게 될 터다. 그러니 고민할 것도 없다. 이모는 빼도록 하자. 그 즉시 원치 않는 손님을 모두 쳐낼 수 있다.

복잡한 건 빼라

창작에 매달리다 보면 자꾸만 무언가 더하고 싶어지는 법이다. 하나를 더하고 나면 이것도 저것도 더해야 할 것만 같다! 게다가 한 가지 추가할 때마다 고민거리가 무더기로 생겨나기 마련이다. 그러다 보면 얼마 지나지 않아 To Do 리스트가 빼곡해질 것이다. 적게 더할수록 할 일도 적어진다.

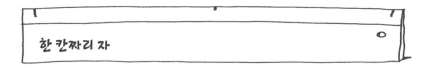

줄이면 = 줄어든다

이것저것 추가할수록 사슬에 연결고리를 더하는 셈이다. 연결고리가 많을수록 고리 하나가 부러져 모든 것들이 무너져내릴 가능성도 커진다. 저글링에 끼어들면 공이 2개일 때보다 10개일 때 훨씬 더 어려운 것과 같은 이치다.

많이 덜어낼수록 프로젝트를 진행하기 쉬워진다. 예를 들어, 나와 친구가 함께 만든 ToDon'tList 앱이 비교적 구현하기 수월했던 것은, 앱의 기능을 최소화한 덕분이었다. 이 원칙은 다방면으로 활용할 수 있는데, 팀 규모를 정할 때도 유용한 지침이 되어준다. 규모가 큰 팀의 경우, 전 구성원의 업무 효율을 유지하기 위해 더 큰 노력이 필요하다. 인원이 많으면 연결고리와 의견이 더 많아지므로 잡음도 더 커진다. 대기업일수록 관료주의적인 경우가 많은 것도 바로 이 때문이다. 우선은 혼자(혹은 소규모의 팀을 꾸려) 시작하는 편이 현명한 접근법이다. 팀 규모를 늘릴지는 나중에 결정해도 늦지 않다.

가장 단순한 버전은 무엇인가?

지금 하고자 하는 일을 가장 단순화한 버전이 무엇일지 항상 고민해야 한다. 군살을 최대한 빼고 구현한다면 어떤 모습일까? 작품이 지향하는 방향, 작품에 담고자 하는 의미를 모두 적은 리스트를 만들자. 그리고 그중 절대 빼놓을 수 없는 3가지를 추려내자. 쉬운 작업은 아닐 것이다(무드보드를 참고하면 도움이 된다). 그래도 이렇게 하면 작품의 본질을 깨달을 수 있다. 우선 꼭 필요한 부분만 반영하고 나머지는 당분간 To Don't 리스트에 보관하도록 하자.

이제 다시 한번 이 질문을 던질 차례다. 품질을 우선시할 것인가, 아니면 기한 엄수를 우위에 둘 것인가?(118쪽 참고) 가장 완벽한 버전에 다다를 때까지 하염없이 매달린 후, 그제야 세상에 선보여 대중의 반응을 관찰할 수도 있다. 그러나 최대한으로 단순화한 버전을 만들어 바로 내놓는 방법도 있다. 반응을 지켜보고 피드백을 참고하며 더 세세히 다듬고 부족한 부분을 보완하는 식이다. 때론 이제까지 달려온 것과 완전히 다른 방향을 제시하는 피드백을 마주할지 모른다. 초기 단계에서 작업내용을 공개하지 않았다면 전혀 기대하지 못했을 통찰을 얻게 되는 것이다.

규칙을 세워라

일련의 규칙을 세워 그 규칙을 지키는 선에서 문제해결 방안을 찾아내 보자. 그렇게 한계선을 설정하면 그 테두리 안에서 취사선택할 수밖에 없게 되고 훨씬 더 창의적으로 선택지에 접근해갈 수 있다.

규칙을 정하면 여러 가지를 고민할 필요가 없어진다. 예를 들어, 빨간색만 사용해야 한다는 규칙은 색을 고르는 수고를 덜어준다. 어떤 재료로 만들지, 어떤 도구를 사용할지도 미리 정해놓을 수 있다. 이렇게 하면 시간을 절약할 수 있을 뿐만 아니라, 규칙이라는 범위 내에서 새로운 가능성을 찾아내는 도전에 뛰어들 수 있다.

매슈 허버트는 유명한 영국의 DJ이자 프로듀서다. 그는 실험적인 전자음악으로 이름을 날리고 있으며, 주로 사물의 소리를 활용해 음악을 만든다. 그는 홈페이지에 특정 소리를 내기 위해 쓰인 사물의 목록을 게시해 놓았다. '《더 선The Sun》 신문 71부, 맥도날드 피시버거 1개, 화장 중인 시체 1구, 테스코Tesco에서 산 12개들이 유기농 달걀 한 판, 키스하는 사람들로 가득 찬 클럽' 따위도 목록에 있다. 매슈 허버트가 인터뷰에서 밝힌 바에 따르면, 스튜디오에 꽤 괜찮은 장비만 갖추면 그 어떤 소리든 만들어낼 수 있으나 그런 장비를 쓰지 않는 편이 훨씬 재미있다고 한다. 밖으로 나가 원하는 소리를 얻을 방법을 찾아내야 하기 때문이다.

저는 바나나로도, 데이비드 캐머런으로도, 벨기에로도 음악을 만들 수 있답니다.

—매슈 허버트

규칙이 있다는 것은 규칙을 깰 수도 있다는 뜻이다. 스스로 만든 규칙이라도 마찬가지다.

나는 한동안 요리 모임에 참여한 적이 있었다. 매번 모일 때마다 온갖 새로운 규칙을 제시하는 모임이었다. 예를 들어 전 코스가 노란색이어야 한다거나, 각자 3유로만 들여 3단계로 이루어진 코스 요리를 준비해야 하는 식이었다. 3유로로 3단계 코스 요리를 준비하려면 값싼 재료를 찾아 발품을 팔아야 하겠지만, 직접 재배하는 방법도 생각해 볼 수 있다.

채소 씨 몇 개쯤이야 거의 공짜나 다름없다. 직접 재료를 기르면 안 된다는 규칙이 있는 것도 아니다. 내 말의 요지는 규칙의 빈틈을 공략하라는 것이다.

나는 이 책을 쓰기 시작하며 '스티브 잡스의 명언을 인용하지 말 것'이라는 규칙을 세웠다. 물론 이런 종류의 책에 애플 설립자를 인용하는 건 거의 필수처럼 여겨진다. 그렇지만 규칙을 명확히 정하고 부단히 애쓰다 보니 스티브 잡스 말고도 훌륭한 아이디어를 지닌 사람들을 여럿 발견할 수 있었다. 실은 103쪽에서 딱 한 번 애플의 공동 설립자인 스티브 워즈니악의 말을 인용하긴 했다. 다른 애플 임원까지도 배제해야 한다는 규칙은 없었으니까. 더불어 스티브 잡스의 그림자에 가려져 있던 그의 이름을 거론하는 재미도 쏠쏠했다.

아낄수록 쳐내라

말이야 쉽지, 실제로 최대한 많은 부분을 쳐내버리는 작업이 그리 쉽지만은 않다.

세상에 단순하고 쉬운 일은 없다.
단순한 건 어려운 법이다.

—마틴 스코세이지

이 책의 초고를 완성하고 보니 총 45,000단어가 넘었다. 그런데 출판사와 약속한 분량은 22,000단어 이내였다. 즉, 그때까지 쓴 글의 절반을 포기해야 했다. 나는 주변의 피드백을 바탕으로 시간 관리와 직접적인 관련이 없는 부분을 모두 들어내기 시작했다. 솔직히 말해, 단어 수가 제한되어 있지 않았더라면 절대 하지 않았을 일이다. 이 책의 품질을 높여준 것은 다름 아닌 단어 수 제한이었으리라.

나는 사람들이 읽지 않을 부분은
되도록 삭제한다.

– 엘모어 레너드

priorilist level

To Do - PROJECTS

☐ ....
☐ ....
☐ ....

Focus ←
anted ject
- max 5

set/via ←
settings

To Don't - PROJECTS

☐ ....
☐ ....
☐ ....
☐ ....
☐ .... Delete

WORK
HOME

DONE - LIST
• • •

different projects

DO LIST

☐ ✓→   ☐ ✗←

DONE   DON'T

TO DON'T LIST

Del   ✗

To Don't 리스트 앱

앞서 언급했듯(25쪽) 나는 프로그래머인 친구와 함께 To Don't 리스트 앱을 개발했다. 이는 결정을 내리고 목표를 향해 나아갈 수 있도록 이끌어주는 앱이다. 개발 당시만 해도 To Don't 리스트를 체계적인 도구로 여기지도 않았지만 앱으로 만들어 발전시켜 나갔다.

To Don't 리스트의 기원

친구와 소셜미디어 기업을 운영하던 때, To Don't 리스트는 우리 스튜디오의 유행어였다. 우리는 항상 '좋은 생각이군. 하지만 일단 To Don't 리스트에 두기로 하지.'라 답하곤 했다. 심지어 To Don't 리스트 앱을 만들자는 아이디어조차 한동안 To Don't 리스트에 머물러야 했다.

프랑크를 만나기 전까지는 그랬다. 당시 나와 프랑크는 To Don't 리스트와는 전혀 다른 앱 제작을 함께하던 중이었다. 프랑크는 이 아이디어에 큰 관심을 보이더니, To Don't 리스트 앱을 최대한 단순하게 만든다는 조건으로 자신이 프로그램을 맡겠다고 나섰다. 분야는 다르나 프로젝트를 향한 열정만큼은 같은 두 사람의 협업이 효과를 발휘한 좋은 예다.

우리는 단순한 앱을 만들기 위해 다음과 같은 규칙을 정했다.

→ 리스트는 단 1개뿐이다.

리스트가 1개뿐이면 사용자들이 수많은 리스트에 허덕이는 일을 방지할 수 있다. 리스트가 많으면 사용자가 너무 많은 시간을 투자하게 되고, 그러다 결국 리스트 사용을 포기하기 쉬우니까. 사용자가 원하는 만큼만 선택적으로 앱을 활용할 수 있도록 만들었다. 참고로 프랑크는 프로그래밍에, 나는 새 프로젝트에 돌입할 때 아이디어를 정리하기 위해 이 앱을 사용한다.

→ 다른 부가기능은 없다.

리스트만 달랑 있는 앱을 만들어야 한다. 목차에 그 어떤 태그도 달 수 없으며, 리스트를 공유하는 기능도, 소셜미디어에 올려주는 기능도 없다. 앱에는 버튼이 딱 하나로, To Don't 리스트에 항목을 추가할 때 누르는 버튼이다. 우선 To Don't 리스트에 항목을 올려놓은 후 Do 리스트로 옮길 만한 일인지 따져본다.

→ 검은색, 흰색, 그리고 단 하나의 강조 색만 사용한다.

다른 색은 없다. 검은색, 흰색, 강조 색 하나면 앱을 꾸미기에 충분하다. 이 책의 디자인도 동일한 규칙을 따랐다. 나는 개인적으로 알고 지내는 폰트 디자이너들이 만든 폰트만 사용하는데, 이는 타이포그래퍼로서 내가 반드시 따르는 규칙이다.

왜 안드로이드 버전은 없냐고? 우선 아이폰 사용자들이 이 앱을 좋아하는지 지켜보기로 했다. 반응이 좋다면 안드로이드 버전도 고려해볼 것이다. 안드로이드 버전 개발은 아직 To Don't 리스트에 머물러 있다.

#ToDon't리스트

책을 마치며

참고문헌

이 책에 담긴 모든 아이디어를 나 홀로 생각해낸 것은 아니다. 내 아이디어는 다른 이들의 아이디어로부터 진화한 것이며, 저작권에서 자유로운 아이디어만 차용했음을 밝힌다. 그러니 내 아이디어 또한 마음껏 활용하시길.

함께 프로젝트를 진행했던 동료들에게서도 영감을 얻을 수 있었다. 여러 스승과 멘토, 콘퍼런스, 다큐멘터리 또한 영감의 원천이었다. 최근, 혹은 오래전 읽은 책이나 블로그 포스트에서도 아이디어를 얻었다. 심지어 To Don't 리스트도 그중 어느 블로그에서 접한 것이었다. 안타깝게도 그 포스트를 다시 찾을 수는 없었다. 인용구는 대부분 온라인 검색을 이용했다. 달리 말해 그 인물이 실제로 그런 말을 한 적이 없을 수도 있다는 뜻이다. 설령 그럴지라도 그들의 가치가 퇴색하지는 않을 것이다.

나는 가능한 한 본문에 출처를 적으려 애썼다. 그러나 모든 부분에서 낱낱이 출처를 명시하는 작업이 너무나 소모적이었기에 그 일은 당분간 To Don't 리스트에 두기로 했다. 혹시 내가 출처를 명시하지 못한 부분(혹은 잘못 기재한 부분)을 발견한다면 언제든 연락해주시기 바란다. 개정판에 해당 출처를 게시할 생각이다.

감사의 말

물론 이 책의 집필도 마찬가지로, 처음부터 끝까지 나 홀로 써 내려간 것은 아니다. 나의 형 벤츠 로스가 초안을 전부 검토한 후 잘 쓴 부분과 그렇지 못한 부분을 걸러낼 수 있도록 도와주었다.

아내 앤 드 브루진은 놀라운 능력을 발휘해 전반적인 편집과 공동 집필에 참여하여, 이 책을 읽을 만한 것으로 탈바꿈시켰다. 그뿐만 아니라, 아내

덕분에 나는 끊임없이 이 일의 본질을 상기할 수 있었다. 이 모든 것은 집 필 도중 태어난 내 아들, 사랑스러운 오스발트를 위한 일이다. 오스발트는 태어난 지 3개월 만에 멀티태스킹이란 불가능하다는 것을 내게 가르쳐주 었다. 그 애는 '무릎 위에 노트북을 올려놓든지, 날 올려놓든지, 하나만 해. 둘 다는 안 돼.'라 말하는 듯했다.

프랑크 판 데르 페에트르는 To Don't 리스트 앱의 모든 코드를 작성해주었 다. 프랑크는 콘셉트 설정에 기여하기도 했다. 내가 새로운 아이디어를 떠 올릴 때마다 그는 매번 이렇게 답했다. '좋은 아이디어야. 하지만 To Don't 리스트의 규칙에 부합하지 않는군'.

마지막으로 시간 관리에 대한 내 모든 아이디어를 책 한 권에 담아보는 것 이 어떠냐고 제안해준 페터 하이캄프에게 감사의 인사를 전한다. 더불어 그는 BIS 출판사의 훌륭한 이들에게 다리를 놓아주었으며, 아트디렉터이 자 자문 역할을 도맡아 매 순간 나를 채찍질해주었다. 또, 가끔은 너무 바 쁜 나머지 To Don't 리스트 프로젝트를 To Don't 리스트로 옮겨야 했는 데, 매번 다시 To Do 리스트로 돌려놓도록 이끌어준 것도 페터였다.

이 책을 읽어주신 모든 이들에게 감사를 전한다!
도날드

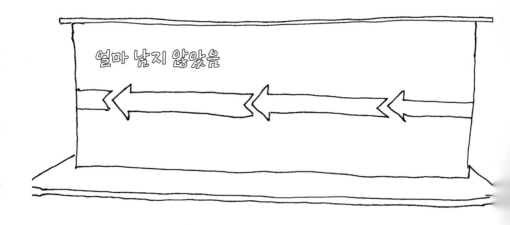

찾아보기

목차

알맹은 사일런스북 임프린트 브랜드로 자기계발/경영서를 전문으로 출간합니다.

이 책도 읽지 마세요—창의적인 사람을 위한 시간 관리법

지은이 | 도날드 로스
옮긴이 | 정세운
펴낸이 | 박동성
편집 | 박지선
표지 디자인 | 곽유미

펴낸곳 | **사일런스북** / 16311 / 경기도 수원시 장안구 송정로 76번길 36
전화 | 070-4823-8399 / 팩스 | 031-248-8399
silencebook@naver.com / www.silencebook.co.kr
출판등록 | 제2016-000084호 (2016.12.16)

2018년 11월 29일 초판 1쇄 발행
ISBN | 979-11-89437-03-9 13190
가격 | 11,200원

「이 도서의 국립중앙도서관 출판예정도서목록(CIP)은
서지정보유통지원시스템 홈페이지(http://seoji.nl.go.kr)와
국가자료공동목록시스템(http://www.nl.go.kr/kolisnet)에서 이용하실 수 있습니다.
(CIP제어번호: CIP2018032693)」